English Academic Writing for University Students
英語アカデミック・ライティングの基礎

一橋大学英語科 [編著]

研究社

Excerpt from THE FEELING OF WHAT HAPPENS: BODY AND EMOTION IN THE MAKING OF CONSCIOUSNESS by Antonio Damasio.
Copyright © 1999 by Antonio Damasio.
Reprinted by permission of Houghton Mifflin Harcourt Publishing Company.
All rights reserved.

Excerpt from HARUKI MURAKAMI INTERVIEW by Laura Miller and Don George.
This article first appeared in Salon.com, at *http://www.Salon.com.*
An online version remains in the Salon archives.
Reprinted with permission.

Excerpt from TRIAL BY JURY IN JAPAN: HANGING IN THE BALANCE
Copyright © The Economist Newspaper Limited 2015.
All rights reserved.

まえがき

　本書は、一橋大学における一年生向けの必修英語科目で使用される、ライティングのためのガイドブック・教科書として編纂されました。

　昨今の日本の英語教育に関しては、「コミュニケーション」の重要性が盛んに強調されています。その場合に「コミュニケーション」という言葉が指すのは、なぜか「オーラル・コミュニケーション」のことのようです。従来的には、日本の英語教育においては口頭のコミュニケーション技術の訓練の比重が低かったのは確かで、近年の取り組みによって、大学に入学する学生たちの聞き取り能力や口頭による発信の能力が相対的に高まってきたことは、英語教授の現場にいる本書の執筆・編集者たちも実感しているところです。

　しかしその一方で、「コミュニケーション」のより広い意味、本来の意味が忘れられようとしているという危惧もあります。つまり、読むことや書くことは「コミュニケーション」とは見なされなくなり、下手をすると読み書きの能力と聞き話す能力とは無関係のものと見なされ、それどころか読むことと書くことを教えるのは害悪でさえあるというような転倒した風潮が生まれつつあるように感じられるのです。

　実際、大学に入学してくる学生たちの文法能力や語彙力は、目に見えて低下してきています。これはおそらく、「口頭で発信をするためには文法の正確さは犠牲にし、語彙もできるだけ簡単なものに制限をした方がよい」という、ある意味では理解のできる事情によるものではないでしょうか。その結果、授業のレポートなどで英語を書く際にも、動詞の一致や時制の選択もままならず、また語彙も稚拙なものを繰り返し使うような傾向が見られるようになりました。

　一橋大学英語科では、聞くこと・話すことと同様に読むこと・書くことも「コミュニケーション」の重要な一部であると考え、またさらには読み書き能力を高めることが聞き・話す能力の基礎となるという、当然とも思えるけれども忘れ去られつつある原理を再確認しながら、英語カリキュラムを展開しています。

　本書はそのような理念に基づくカリキュラムの中で、「書くこと」一般ではなく、大学における「アカデミック・ライティング」の基礎を教授する際のガイドブックとして編纂されたものです。詳しくはこのあとの「1.0 アカデミック・ライティングの文化」に譲りますが、アカデミック・ライティングの基本を学

ぶことは、書くことによって何かを伝達・主張することの基礎として非常に重要であるとはいえ、その基本は高校までの英語教育においては教えられておらず、大学の基本カリキュラムに組み込む必要があります。

　本書の原型となったのは、2011年に一橋大学英語科が非売品のかたちで発行し、それ以来授業で使用してきた『In Your Own Words 英語アカデミック・ライティングの基礎』です。この教科書を授業で使ってきた経験から、このような内容のガイドブックは広く他大学においても英語ライティング教育でのニーズがあるだろうと考え、一橋大学のみで通用する内容を削除し、サンプル文の差し替え・追加などの再編集をしました。

　原型となった教科書の大部分は、一橋大学の川本玲子が執筆しました。再編集にあたっては同じく一橋大学の河野真太郎、越智博美、Christopher Sullivan, Greg Dvorak が中心となって作業を行い、最終的には一橋大学英語科の教員全員によって校閲作業を行いました。

目 次

まえがき　iii

1.0	アカデミック・ライティングの文化	1
1.1	リサーチ・ペーパー作成の流れ	6
1.2	トピックの選び方	7
1.3	トピック選択シートを使って、トピックを決める	8
1.4	トピック選択シート	11

2.0	リサーチを始めるにあたって	15
2.1	インターネットでリサーチする	17
	2.1.1　検索に便利なサイト　18	
2.2	大学図書館を利用する	19
	2.2.1　本と雑誌での論文の探し方　19	
	2.2.2　検索のコツ　21	
	2.2.3　所属大学の図書館に資料がない場合　22	

3.0	リサーチ・ペーパーの構成	23
3.1	主題文（Thesis Statement）とアウトライン	26
	3.1.1　主題文を書く　26	
	3.1.2　アウトラインを作る　27	
3.2	サンプル・アウトライン	28

4.0	原稿を書く	30
4.1	本論を書く	31
	4.1.1　パラグラフ・ライティングとは　31	
4.2	論旨の展開を分かりやすくするために	32
	4.2.1　論の順序やつながりを示す表現　33	
	4.2.2　論文中で避けるべき表現　34	

4.3	序論・結論を書く	34
	4.3.1　序論　34	
	4.3.2　結論　35	
4.4	文章サンプル	36
	4.4.1　短めの学術論文（The Academic Essay）　36	
	4.4.2　その他のスタイル　42	

5.0	論文の体裁を整える	47
5.1	論文タイトルについて	47
5.2	書式サンプル	49
5.3	書式設定について	50
5.4	イタリックと引用符の使い方	52

6.0	さまざまな引用の仕方を学ぶ——剽窃を避けるために	54
6.1	直接引用と間接引用	54
6.2	引用時によく使う動詞や表現	55
6.3	直接引用のパターン	57
	6.3.1　短い引用　58	
	6.3.2　長い引用　59	
6.4	間接引用——パラフレーズとサマリー	61
	6.4.1　パラフレーズ　61	
	6.4.2　サマリー　64	
6.5	文章中の引用文献の示し方	65
6.6	引用文献（Works Cited）リストの作り方	67

Appendix 1　サンプル論文（一部）& 参考文献リスト　　71
Appendix 2　APA方式・シカゴ方式による引用文献の示し方の例　　80

参考文献　　　　　　　　　　　　　　　　　　　　　　　　　　84

1.0 アカデミック・ライティングの文化

英語の論文（リサーチ・ペーパー）と小論文の違い

　みなさんは高校や大学を受験するにあたって、国語の小論文というものを書いたことがあるでしょう。与えられたトピックについて数百字程度で筋道立った意見を述べる、という論述です。たとえば最近では、ITとグローバル化、環境と資源、子供の教育その他が「定番」テーマだそうですが、『小論文必勝マニュアル』のようなタイトルの本を読んで、出題されそうなトピックについての模範的な文章をほぼ丸覚えしたという人もいるかもしれません。

　さて、大学で英語の「リサーチ・ペーパー」（研究論文）というものを書くという課題を与えられたとき、まずみなさんの頭に浮かぶイメージは、「ちょっと長めの小論文の英語版」ではないでしょうか。確かに、ある一つの主題について明確な、一貫した意見を筋道を立てて述べるという点では、小論文もリサーチ・ペーパーも同じです。

　しかし、いくつか重要な違いがあります。まず、高校や大学入試の日本語小論文では、テーマはたいていその場で与えられるので、自分の頭で考えたことを書くのが前提となり、他者の意見を紹介したり、議論したりすることは、特に求められていません。むしろ、自分がすでに持っている知識と見解を分かりやすく、適切な文体で書けるかどうかが評価の対象になります。

　一方、英語のリサーチ・ペーパーでは、そもそもトピックを自分で決める場合も少なくありません。（もちろん、何でもいいというのではなく、テーマについてはある程度の指示があるはずです。）また、トピックを自分で選ぶ、選ばないに関わらず、それについて相当量の研究・調査をあらかじめ行うことが求められます。これが「リサーチ」・ペーパーと呼ばれる理由です。テーマについて有用な情報を集め、その上で自分の意見を組み立てるという作業――つまり文章を書き始める前の準備がいかにしっかりできているか、またそ

れを正しい形式で、有効に論文に反映させられているかが、評価の重要な対象となるのです。

ただしこの調査も、必ずしも一人で地の果てまで行って金脈を掘り当てるような、孤独で困難な作業である必要はありません。よほど重箱の隅をつつくようなリサーチでない限り、どんなトピックについても必ず「先行研究」というものがあります。つまり、その問題について他の人たちがすでに集めたデータや事実、そしてこれに基づいてその人たちが行った議論の総体のことです。トピックの選択過程そのものをリサーチの第一段階とすると、この既存研究の文献調査 (literature review) が第二段階にあたります。

リサーチの際の心構え──剽窃（ひょうせつ）を避けるために

さて、論文を書き始めるにあたってどれだけ調査をしたのか、またどんな情報を見つけたのかを示すためには、当然その情報と情報源（ソース）を明記する必要があります。「当然」と書きましたが、実はこれこそ、初めて論文を書く学生にとって、いちばん危険な落とし穴なのです。オリジナルな発想や発明に特許が与えられるように、論文では他人の言葉や考えにも、いわばいちいち名札を貼っていく必要があることを理解するのが、最初の大きな一歩です。

小論文のような作文に慣れていると、「自分の頭で考えたこと」のほうが「他人がすでに言ったこと」よりずっと重要な気がするかもしれません。しかし、いわゆるアカデミック・ライティング（リサーチ・ペーパーはこれに当たります）では、どちらも同じくらい重要です。むしろ、調査はしっかりしてあるけれども議論がやや弱い論文と、調査もしないで自前の見解を強く主張している論文とでは、前者のほうが将来性があるとして、高く評価される可能性が高いでしょう。知識に裏打ちされない、その場の思いつきでしかない「意見」は求められていないのです。

論文においては、自分の言葉や考えと、他人のそれとの境界線をはっきりと示すことも、書き手の大事な義務です。これを怠ったり、あるいは故意にごまかしたりすると、剽窃行為 (plagiarism) と見なされます。たとえば英米の大学では、学生は剽窃が発覚した時点で、その授業の単位を落とすことは確実

であるばかりか、しばしば退学処分になります。それほど重大な違反行為と見なされているわけですが、日本の大学ではこれまで、カンニングは懲罰の対象であっても、剽窃は見過ごされることもありました。けれども、インターネットの普及でいわゆる「コピー・アンド・ペースト（コピペ）行為」が目立つようになり、問題が深刻化したために、これを罰することが通例となりました。同じレポートの二重提出も剽窃と同様の扱いとなります。

ただし、一口に剽窃と言っても、コピペのような故意で悪質な行為もあれば、書き手がアカデミック・ライティングに不慣れであり、そのルールを知らないために起こる、いわば無自覚の盗作行為もあります。逆に言えば、学生がルールを学びさえすれば、少なくとも一部の剽窃問題は解決するはずです。この本では、文献の正しい引用方法を紹介していますので、参考にして下さい。

明確な「主題文 (Thesis Statement)」の重要性

それから最後にもう一つ、アカデミック・ライティングの重要なルールがあります。それは、**自分の意見を述べる際には、曖昧にお茶を濁すことなく、はっきりした主張を述べる必要がある**ということです。これもまた、日本の学生にはあまりなじみがないことなので、論文を書くときの目に見えない障害となりがちですが、慣れてしまえば、この態度を身につけた方が論文を書きやすいということに気づくはずです。

論文では、**イントロダクション（序論）の部分で、議論の根幹となる主張をコンパクトにまとめて述べる、いわゆる主題文 (thesis statement) を打ち出すのが普通**です。主題文の形態は、論文の内容によって異なりますが、たとえば死刑制度の是非といった、いわゆる controversial な（賛否両論に分かれて激しい議論が交わされるような）トピックの場合、初めの方に「〇〇という理由から、Ａは是である（あるいは非である）」という主題文を示しておけば、話が分かりやすくなるでしょう。（ちなみに、「私はＡが是（非）であると思う」とあえて言う必要はありません。あなたの論文である以上、そこに書かれるのがあなたの意見であることは自明だからです。）

しかし、たとえば日本の裁判員制度と米国の陪審制度を比較するような場合、日本の学生は「AとBを比較検討し、その違いについて考察する」といった主題文を書きがちですが、実はそこには主張と言えるものが入っていません。たとえば「AとBを比較検討すると、実は○○という違いがあることが明らかになり、それが××という結果を生んでいることが分かる」というように、**少なくとも書き手の独自な着眼に基づいたリサーチとその結果を示すものでなければ、主題文とは言えません**。また、論文の中で自分の主張への反対意見を紹介することは重要ですが、単に「○○ではなく、××だという意見もないではない」とか、「反対意見も考慮に入れる必要はあるだろう」と譲歩して終わるのではなく、そうした反論をきちんと検証し、それが自分の主張を覆すほどの力を持たないことを証明する努力をしなければなりません。**最初から妥協的な態度を取るようでは、そもそも論文を書く意味がありません**。

　確かに、特に日本の社会では、いちいち強い意見を主張する人は、けむたがられる傾向があります。またディスカッションをしても、話を丸く納めることを目指すあまり、無難な結論にすぐ落ち着いてしまうか、あるいは議論の内容よりも発言者の語気にみんなが反応して、険悪なムードになりがちです。実際のところ、日常生活のなかでは、そう簡単に黒白つけられない問題のほうが多いに決まっています。けれども**アカデミック・ライティングにおいては、まずは自分の立場をはっきりさせ、そこから議論をスタートさせる**という決まりがあります。そうして他の人と（紙の上で）意見を戦わせることで、より洗練され、高度な議論が生まれるという発想なのです。これはあくまで、学術的な論議という特殊なゲームのルールだと考えるといいでしょう。たとえばアメリカでは、子供の頃から学校の授業でディスカッションを頻繁に行うので、ある意味ではアカデミック・ライティングの素地が早くから作られているとも言えます。とはいえ本格的なリサーチの仕方、レポートの文体や内容についてのルールを学ぶのは、やはり大学に入ってからなので、その点ではアメリカの学生でも同じ苦労をするわけです。

1.0 アカデミック・ライティングの文化

まとめ——リサーチ力と思考力

　これまで書いてきたことをまとめると、リサーチ・ペーパーで評価される二つの大きな要素は、リサーチ力と思考力です。

　リサーチ力とは、実りのありそうな、かつ大き過ぎないトピックをいかに選べるか、そして信頼できる情報源をいかに探し出せるかに関わります。だから、無精をしてトピックをいい加減に選んでしまうと、良い文献が見つからず、あとでかえって骨が折れることになります。このため、トピック選びの際に、第一段階のリサーチをしっかりしておくべきです。

　また思考力は、そうして集めた事実やデータ、そしてトピックに関する既存の議論を比べつつ分析し、その上で自分なりの意見を組み立てていくのに必要です。小論文で求められる瞬発的な思考力、あるいは記憶力ではなく、調査力と辛抱強い思考力が、リサーチ・ペーパーではものを言うのです。

この本の構成と使い方

　この本は、基本的には英語アカデミック・ライティングの初心者を念頭に置いて、リサーチ・ペーパーのトピックの選び方、リサーチの仕方、主題文の作り方、アウトラインの書き方、原稿の構成の仕方と適切な表現、書式の整え方、そして引用の仕方の基礎を紹介しています。ただし、引用方法の詳しい用例については、とてもここでは扱いきれないので、この本の終わりの「参考文献」に載せた英語論文のルールブックを参照して下さい。

　最後に付録として、論文および引用文献リストのサンプルが載っていますので、参考にして下さい。

1.1 リサーチ・ペーパー作成の流れ

リサーチ・ペーパー執筆の作業は、大まかに図のような流れになります。

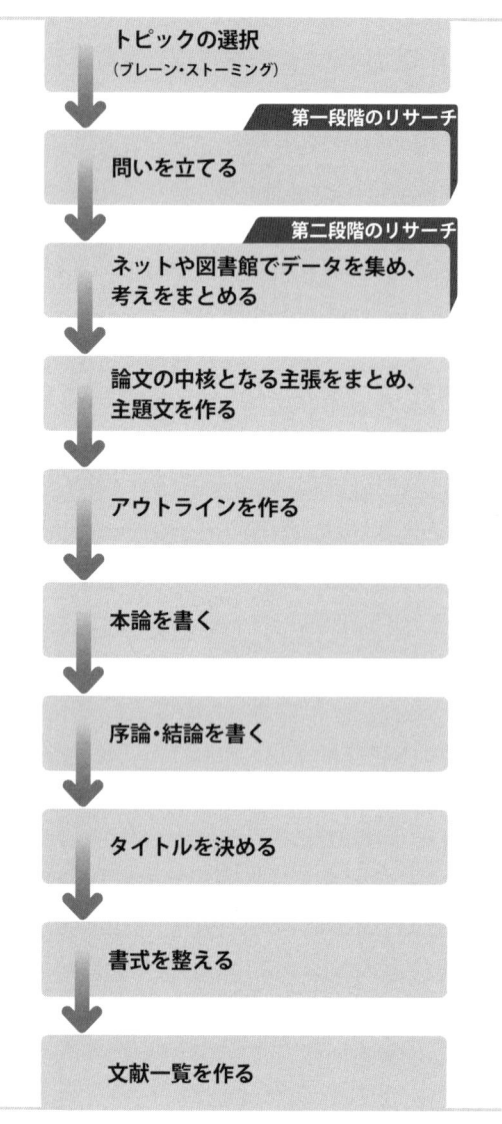

1.2　トピックの選び方

　論文では、大きく分けて、あらかじめ特定のトピックを与えられる場合と、学生が自分の関心に合ったトピックを選択する場合があります。前者の場合、かなり具体的にトピックが決められることもあれば、大まかな方向性や範囲を指示されたり、複数の選択肢が与えられることもあります。後者の場合、学生が好きなトピックを選ぶとはいっても、「私の好きなマンガ」について書いてもいいということではなく（そういうテーマの授業なら別ですが）、たいていは何らかの形で授業の内容を反映させることが期待されます。

　最終的にどのようなトピックを選ぶにしても、十分なリサーチを行い、データを吟味した上で、自分の考えを整理し、論理的に議論を組み立てることが目標となります。単にデータを集めて順に並べるだけではなく、自分の意見をはっきりと述べることが求められます。

　トピック選びは一見簡単なので、深く考えずにその場の思いつきで決めてしまう人が多いのですが、そうすると後で泣くはめになります。どうせ長い時間と労力をかけて論文を書くのですから、その作業から役立つ知識や価値ある意見を身につけられるよう、この時点でしっかりビジョンを持って、論文の方向性を考え始めましょう。トピックを選ぶ際には、論文の長さ（単語数）や執筆に与えられた時間、想定される読者のレベルなどを考慮して、どれくらいのスケールの論文を求められているのかを見極めることが大事です。当然ながら、リサーチの必要もないほど単純な問題に取り組んでも意味がありませんが、かと言ってあまりに巨大なトピックに挑戦しても、膨大なデータを前に戸惑ってしまうでしょう。英語には "Don't bite off more than you can chew." （手に負えないほどの仕事を抱えこむな）という表現がありますが、これはリサーチ・トピックを選ぶ際には良い教訓です。

　ここからは、初めて文系の英語論文を書く人のために、トピックを探す手順を簡単に紹介します。まずは以下の手順を読んでから、11～12ページの「トピック選択シート」を使って、トピックを決めましょう。もう決まっているという人も、念のため各 Step には目を通して下さい。

1.3　トピック選択シートを使って、トピックを決める

　ここでは、リサーチのきっかけとなる問いを立て、これを具体化していくという方法でトピックを探します。

Step 1｜ブレーン・ストーミング——頭からキーワードを引き出す

　ブレーン・ストーミングとは、直訳すると「脳に嵐を起こすこと」ですが、つまりは頭をひねって、中のアイディアを自由に、芋づる式に引き出していくということです。この時点ではアイディアを文章化する必要はなく、キーワードだけを書くか、箇条書きにします。（英語の論文ですから、理想的にはここから英語を使いたいところですが、それではうまく連想ができないという人は、とりあえず日本語でもいいでしょう。）

　すでにトピックが与えられている場合は、それをにらみながら、連想されるキーワードを書きつけていきます。自分でトピックを選ぶ場合は、まず一つ、自分にとって面白そうなキーワードを選びます。たとえば「環境問題」、「コミュニケーション」、「グローバリゼーション」など、漠然としたものでも構いません。そして、そこから連想されるキーワードを書き出していきましょう。たとえば「コミュニケーション」からは「インターネット」や「SNS（Social Network Services）」や「高齢化社会」、「環境問題」からは「捕鯨反対運動」や「地球温暖化」や「エコビジネス」などが出てくるかもしれません。

　このキーワード群は、最初は雑多なアイディアの羅列に見えるかもしれませんが、よく見れば何らかのパターンや共通のテーマが浮かび上がってくるものなので、そこから中心となるアイディアをいくつか抽出していきましょう。ここでの目的は、自分の関心の大まかな輪郭をあぶり出すことです。

Step 2｜キーワードから問いを立て、焦点を絞る

　次に、Step 1 で選んだキーワード群から好きなものを選んで、問いを立ててみます。この時点では、問いの具体性はさまざまでしょうが、ま

ずは大ざっぱなものでも構いません。たとえば「コミュニケーション」と「インターネット」を組み合わせて、「インターネットは人と人とのコミュニケーションをどのように変えてきたか？」という問いを思いつくかもしれません。あるいは「地球温暖化」と「環境ビジネス」がキーワードなら、「地球温暖化対策で誰がいちばん利益を得たのか？」でもいいでしょう。

Step 3 | 問いを具体化するため、インターネットでキーワード検索を行い、自分の関心対象を探る

さて、「インターネットは人と人とのコミュニケーションにどう影響しているか？」、または「地球温暖化対策で、誰がいちばん利益を得たのか？」といった問いは、そのままではリサーチ・ペーパーのトピックにはなりません。あまりに大きく、漠然としているからです。ここでもう一歩踏み込んで、指定された論文の長さや、求められている専門性の度合いを考えながら、問いの対象範囲を限定する必要があります。

問いの焦点を定める方法はいくつもありますが、簡単なのは、所定のテーマについて、特定の場所、時期、集団に話を特化したり、テーマの一側面だけに注目することです。

Step 1のキーワードを見直してみましょう。たとえば「インターネットは人と人とのコミュニケーションをどう変えたか？」という問いについては、インターネットのユーザー全般を念頭に置くのではなく、「21世紀の日本のティーンエイジャー」に注目することもできますし、インターネットの機能のなかでもFacebookやTwitterなどのSNSを使用している人に焦点を当てることもできます。「地球温暖化対策で、誰がいちばん利益を得たのか？」であれば、たとえば日本のエコカー産業を話の中心に据えたり、京都議定書に話を絞ることもできるでしょう。

この時点で、特に自分の関心がどういった問題に絞られるのかを探るため、Googleなどのインターネット検索エンジンで、選んだキーワードをサーチにかけて、どんなトピックがヒットするかを見てみましょう。そして、そこからどのような問いを立てられるかを考えてみて下さい。

Step 4 ｜ 最終的な問いを立て、リサーチを始める

　Step 3 で得た情報をもとに、Step 2 の問いを具体化します。最初から答えが見えているような問いを立てず、自分が本当に知りたいと思うことを問いにしていきましょう。たとえば、「どの SNS が日本の若者に最も人気で、その理由は何か？」とか、「地球温暖化の危険性は、なぜ、誰によって、誇大に訴えられてきたのか？」という具体的な疑問を持ったとしたら、これに対する自分なりの答えを見つけるべく、既存の議論やデータを調べていくことになります。この第二段階のリサーチを literature review（文献調査）と呼びます。

1.4　トピック選択シート

ステップごとの指示に従って、記入欄に書き入れてみましょう。

Step 1 │ ブレーン・ストーミング──与えられたテーマ、あるいは自分が関心のあるテーマについて、キーワードをできるだけたくさん書き出します。

テーマ

Step 2 │ Step 1のキーワード群から好きなものを選んで、大ざっぱな問いを立てます。

Step 3 │ Step 2の問いをさらに具体化するために、Step 1のキーワードについてインターネットなどで一次的なリサーチを行い、自分の関心対象をはっきりさせます。

リサーチでの発見：

着眼したいテーマの側面：

Step 4 | 一次的なリサーチで得た情報に基づき、Step 2 の問いをさらに具体化します。調査の対象とする地域や期間、グループを特定したり、テーマの一つの側面に着眼したりするのです。

1.4 トピック選択シート

SAMPLE

＊本書では、あくまでサンプルとして地球温暖化の人為説を否定する議論を提示していますが、もちろんこれは controversial（賛成・反対の議論が存在し、未解決）な問題です。サンプルの主張は本書の主張ではありません。

Step 1 ｜ ブレーン・ストーミング――与えられたテーマ、あるいは自分の関心のあるテーマについて、キーワードをできるだけたくさん書き出します。

Theme : Environment and World Politics

Global warming, greenhouse gases, Kyoto Protocol, Al Gore,
IPCC, hockey stick curve,
whale-hunting, The Cove, Sea Shepherd, slaughterhouses, eco-ethics

---

Step 2 ｜ Step 1 のキーワード群から好きなものを選んで、大ざっぱな問いを立てます。

Are we humans really to blame for global warming?

Step 3 ｜ Step 2 の問いをさらに具体化するために、Step 1 のキーワードについてインターネットなどで一次的なリサーチを行い、自分の関心対象をはっきりさせます。

インターネット検索の結果：

映画『不都合な真実』の溶ける流氷の映像は、地球温暖化と無関係である。

IPCC は科学者だけから成る学会ではない。「ホッケー・スティック現象」についての疑惑。

着眼したいテーマの側面：

» The Hockey Stick theory; how it was challenged by scientists and later withdrawn by the IPCC.

» Evidence against the immediate danger of global warming.

Step 4 | 一次的なリサーチで得た情報に基づき、Step 2 の問いをさらに具体化します。調査の対象とする地域や期間、グループを特定したり、テーマの一つの側面に着眼したりするのです。

Does scientific evidence support the global warming theory, including arguments for the hockey stick phenomenon? What are the misleading or mistaken data and facts presented by the IPCC since the 1990s?

2.0　リサーチを始めるにあたって

　さて、第二段階のリサーチ、つまり先行研究の調査を行う前に必要なことがあります。それは、**トピックに関連する英語文献の中でも、とくに初歩的で紹介的な内容のものをまず一つ読んで、重要な語彙表現を集めること**です。この手順を飛ばしてしまうと、あとで文章を書く際に、非常に苦労することになります。

　たとえば日本の裁判員制度について、論文を作成すると決めたとします。文章を書くにあたって、これに関連する「裁判員」、「判決」、「被告」、「審議」等々の単語を個別に和英辞書で調べるより、まずはこのトピックに関する英語文献を、一つでも探して読みましょう。そうすることで、このトピックを論ずるために必要な語彙や表現のパターンを、いわば有機的に学ぶことができるからです。「裁判員制度」は英語で jury style system, lay judge system, citizen judge system, あるいは日本固有の制度ということで、そのまま *saiban-in* system などと呼ばれます。

　語彙の勉強に使う英語文献としては、比較的短く読みやすい新聞記事のようなものが適しています。たとえば Google の検索ボックスに "jury style system Japan" というキーワードを入れたところ、オンライン版の *Economist* の 2009 年 8 月 6 日付の記事がヒットしました（2015 年 1 月 20 日の時点）。下は記事の抜粋です。

> When 72-year-old Katsuyoshi Fujii shuffled into a Tokyo **court** on August 3rd with a rope tied around his waist, having **confessed to stabbing** a neighbour, his fate was all but sealed. **Crime** may be exceedingly **low** in Japan but anyone who is **prosecuted** almost inevitably ends up **behind bars**. The **conviction rate** for all **prosecutions** is 99% and **confessions** — **made in police custody** without a lawyer present — are almost as common. But on this occasion, for

the first time since 1943, **citizens from outside the legal profession stood in judgment** of Mr Fujii, **alongside professional judges**. These **"lay judges"** not only help **determine innocence or guilt** but **punishment** too. They can even **order the death penalty**, though Mr Fujii got 15 years.

　This is a big change for Japan, where, according to Takashi Maruta of Kwansei Gakuin University, **trials** have long been "ceremonial", with lots of **legal jargon** and little **questioning by judges of police evidence**. **Citizen juries** were suspended during the Second World War because **eligible jurors**, men over 30, were away fighting. After a spate of **executions** of **innocent** people in the late 1980s, pressure mounted to bring **civilians** back into the **courtroom**.

太字で示した部分は、すべて裁判あるいは裁判員制度に関わりうる語彙と表現です。「裁判員」や「裁判官」のような名詞だけでなく、それと組み合わせて使える動詞の例は、このトピックについて書くにあたって大いに参考になるでしょう。ただし**センテンスをそのままそっくり、あるいは一語や二語だけ変えて書き写してしまうと剽窃と見なされますので、十分に注意して下さい**。文献の正しい引用の仕方については、6.0〜6.4を参照して下さい。

　さらにこの引用をよく見ると、たとえば「裁判員」は "lay judges" や "citizen juries" や "jurors" と言い換えられています。(ちなみにjuryは一つの裁判における裁判員全員を集合的に指しますが、jurorは個々の裁判員を指します。) また別の箇所では "citizens from outside the legal profession" や "civilians [brought back] into the courtroom" といった表現も見られます。このように、英語の新聞・雑誌記事やエッセイなどでは、同じことに言及するにしても多様な表現が用いられます。論文でも、同じ単語や言い回しをあまり多く反復すると、工夫のない文章だと思われてしまいます。「裁判員制度」が論文のテーマだからといって、たとえばlay judgeとlay judge system という語句の組み合わせばかりを繰り返し使っていては、読者が辟易してしまうでしょう。

では、ここで集めた語彙をキーワードとして、インターネットや図書館で本格的なリサーチを始めましょう。

2.1 インターネットでリサーチする

主要な新聞や雑誌は電子化されており、過去の記事も、近年のものなら簡単に検索することができます。また、あるトピックがどれだけ、またどのようにネット上で議論されているかは、Google などでキーワード検索し、そのヒットの数や内容を見ればだいたい把握できます。

ただしよく言われるように、インターネット上の情報は玉石混交であり、匿名の書き手による文章も少なくありません。ところが、論文の中で文献を引用する場合には、論文の読み手がその情報を自身の目で確かめられるよう、情報の出所をできるだけ正確に記載する必要があります。ですから、論文の中で実際に言及するのは、信頼性の高い個人や団体によって運営されたサイトに掲載され、できれば書き手の名前が確認できるような文章等に限定すべきでしょう。キーワード検索をした結果、使えそうなデータや文章が発見されたとしても、それを誰がどのような目的で書いたのかが分からないのであれば、論文では引用できません。

インターネット百科事典の Wikipedia は非常に便利で、学術的な情報が充実した項目も多く含まれますが、いつでも誰でも投稿・書き換えができるという性質上、論文作成の際に依存するには不向きだと言えます。ただし、英語の Wikipedia の項目の多くは、終わりに "References and further reading" として関連文献を複数挙げてあります。リサーチの上で参考にするといいでしょう。

調査の手始めに主要な新聞や雑誌の記事をキーワード検索で調べてみると、トピックの概要が分かることがあります。次頁の国立図書館、新聞、雑誌、およびテレビ局はどれもウェブサイトを持っているので（日本語の媒体は、英語頁があります）、まずはそのサイトにアクセスし、検索ボッ

クスでキーワード検索してみて下さい。あるいは、特定の媒体でトピックに関連する記事・ニュース等を探したいときは、"Obama inauguration speech CNN" といった形で、トピックとサイトの名前を両方使って Google 検索すると近道です。

2.1.1　検索に便利なサイト

図書館
- The British Library (UK)
- The Library of Congress (US)
- The National Library of Ireland

新　聞
- The Asahi Shimbun (Japan)
- The Financial Times (UK)
- The Globe and Mail (Canada)
- The Guardian (UK)
- The Independent (UK)
- The International Herald Tribune (US)
- The Irish Times (Ireland)
- The Japan Times (Japan)
- The New York Times (US)
- The Nikkei Newspapers (Japan)
- The Scotsman (UK)
- The Times (UK)
- The Wall Street Journal (US)
- The Washington Post (US)

雑　誌
- ABA Journal (US)
- The Economist (UK)
- Forbes (US)
- Life (US)
- National Geographic (US)
- New Yorker (US)
- Newsweek (US)
- TIME (US)
- U.S. News and World Report (US)

テレビ局
- ABC News (US)
- BBC News (UK)
- CNN News (US)
- NHK World (Japan)
- Voice of America (US, オンラインのみ)

2.2 大学図書館を利用する

　大学の図書館で豊富な図書、雑誌や新聞などの定期刊行物、およびオンラインの論文等にアクセスできるのは、実は学生の貴重な特権です。図書館に不慣れな新入生でも、館内のインフォメーション・デスクに行けば、文献の探し方やその他のサービスについて教えてもらえます。

2.2.1 本と雑誌での論文の探し方

　本 (図書) については今さら説明する必要はないと思いますが、学習や研究を進める上では、(学術) 雑誌に掲載されている論文を参照することも必要です。

　大学では、雑誌といえば論文がいくつも載った学術雑誌を指します。英語では、一般的に書店やコンビニで売っているようなものを magazine と言い、学術雑誌を journal と言うことが多いようです。

　次頁のイメージのように、通常、いくつかの論文が集まって一つの号 (issue) として発行され、それがいくつか集まって巻 (volume) となります。月刊 (monthly) の場合、だいたい1年12号で1巻になります。季刊 (quarterly) の場合は4号で1巻です。

　図書館では、1巻ごとに堅い表紙を付けて製本された後、書架に並べられます。ただし、最近、特に英文のジャーナルは電子ジャーナルとして、パソコン上で読むものが多くなっています。海外の電子ジャーナルについては、大学図書館が契約しているデータベースに入っているジャーナルを検索・閲覧することができます。それぞれの所属大学図書館に問い合わせてみて下さい。

2.2.2 検索のコツ

大学図書館での検索全般に共通するコツをいくつかご紹介します。

(1) キーワード
- ほとんどの場合、冠詞 (a, the) や助詞 (「…は」、「…が」、「…の」)、接続詞 (and, but) はキーワードに含めません。
- 日本語の場合は、キーワードを単語ごとにスペースで区切る必要があります。

(2) 検索結果がゼロ、ないしは極端に少ない場合
- 入力ミスがないか確認してみて下さい。
- キーワードをいろいろ変えて検索しなおします。
- キーワードの区切り方で検索結果が変わってきます。
- 同じキーワードでも、いろいろな表記で試してみます。
   例〕 祈祷 → 祈禱 (漢字の異体字)、ヤフー → Yahoo! (カタカナ、アルファベット)
- 同義語・類義語をいろいろ試してみます。
   例〕 ネカフェ、ネットカフェ、インターネットカフェ、インターネット喫茶、漫画喫茶
- より広い概念をキーワードにしてみます。
   例〕 数理経済学 → 経済学

(3) 検索結果が多すぎる場合
- なるべく探したい文献にしか含まれていなさそうなキーワード (ユニークなキーワード) を選ぶと、検索結果が大量にならず、効率的です。
- 検索結果を絞り込むには、観点、時代、地域等をキーワードとして追加します。
- より狭い概念をキーワードにしてみます。
   例〕 経済学 → 数理経済学

2.2.3　所属大学の図書館に資料がない場合

　所属する大学の図書館で所蔵していない場合、下記のような検索サイトで全国の大学図書館の所蔵資料を検索することができます。他大学や組織の所蔵資料を利用したい場合は、大学図書館のカウンターに相談して下さい。相互貸借をしている場合や、外部者として利用できる場合があります。

● OPAC (オンライン蔵書目録) の利用

　OPAC とは、日本全国の図書館で共通で利用されているオンライン蔵書目録です。みなさんの所属する大学図書館の検索画面には、「他大学図書館資料」や「全国図書館」を検索対象に加える検索オプションが用意されていることが多いはずです。OPAC によって全国の図書館の蔵書を検索するには、このオプションを利用して下さい。

● CiNii Books (http://ci.nii.ac.jp/books/)

　CiNii (サイニー) とは、国立情報学研究所が運営するデータベースです。上記の URL から、全国の大学図書館の蔵書を検索することができます。

● CiNii Articles (http://ci.nii.ac.jp/)

　同じく、日本で発表された論文の検索ができます。

3.0 リサーチ・ペーパーの構成

　論文は、大きく分けて序論（introduction）、本論（body）、結論（conclusion）の三つの部分に分かれます。よく、論文はサンドイッチのような構成だと言われますが、それは序論と結論は基本的に同じ内容で、その間に本論が挟まる形になるからです。単純化すると、次のようなイメージになります。

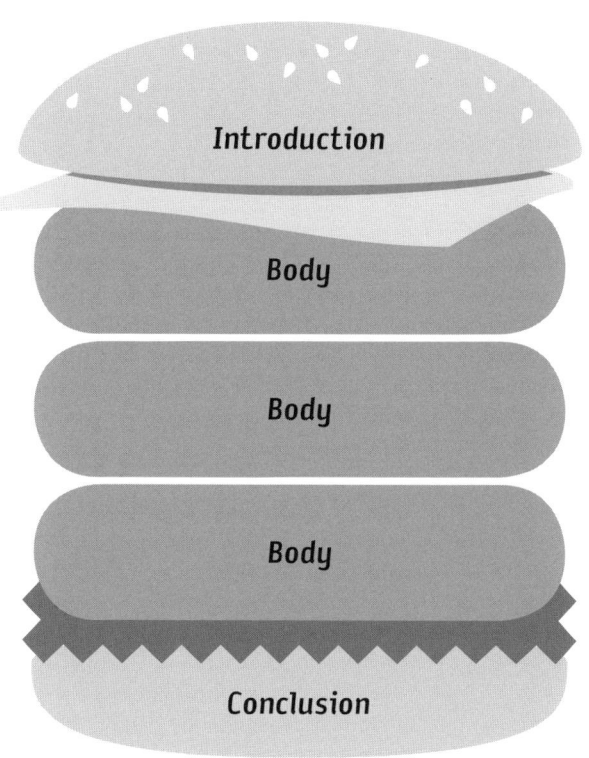

序　論 (Introduction)

　序論は、読み手の関心を引く「つかみ (hook)」でもあると同時に、本文に入る前に、論文の内容と構成をあらかじめ明確にするという役割を果たします。序論の中核となるのは「主題文 (thesis statement)」で、序論の終わり近くに置かれる場合が多いですが、どこに配置するのかは書き手の工夫しだいです。序論の長さはペーパーの規模にもよりますが、大学の授業のレポートでは、おそらく 1～3 段落程度が妥当です。

本　論 (Body)

　本論は複数の段落から構成され、各段落はたいてい、その段落の論点を要約する一つのトピック・センテンスから始まり、それを証明あるいは説明する議論（「支持文 (supporting sentences)」）が続き、しばしば、最後に「結論 (concluding sentence)」が置かれます。ただし、長い論文であれば、一つの論点を証明・説明するための議論が、二段落以上にわたることもあります。その場合は、大きな論点ごとのトピック・センテンスに加えて、段落ごとのトピック・センテンスを立てていきます。Appendix 1 のサンプル論文も参照して下さい。

　各段落は、リサーチで得られたデータや事実、具体例などを挙げつつ、トピック・センテンスで示された論点を説明・例証します。このとき大切なのは、常に読み手の立場に立って考えることです。「この理屈は筋道が立っているか？」「証拠は十分挙げられているか？」など、常に批判的な目で自分の文章を読みながら書き進めましょう。

結　論 (Conclusion)

　先に述べたとおり、結論は基本的に序論の内容を繰り返すものです。だからと言って、主題文を再び書き、一文で終えていいということではありません。尻切れトンボの印象にならないよう、論文の内容を簡潔に振り返り、そこから新たに得られた知識や理解を確認するなどして終わるのが普通です。論文の中で、実は結論がいちばん書きにくく、難しい

とも言えます。書き手の力量の見せどころです。
　以上をふまえて、アカデミックな論文の構成をまとめると、次のようになります。

序　論（Introductory Paragraph）
　つかみ（Hook）：読者の注意をひきつける
　支持文（Supporting Sentences）：論題の背景知識を提供する
　主題文（Thesis Statement）：エッセイの中心となる考えを導入する
本　論（Body Paragraphs）
　トピック・センテンス（Topic Sentence）：本文の中心となる考えを導入する
　支持文（Supporting Sentences）：中心となる考えを詳しく説明する
　結　論（Concluding Sentence）：中心となる考えを繰り返す
　　　　　　　　　　　＊本論はこの3段構成をくり返します。
結　論（Concluding Paragraph）
　主題の繰り返し（Restatement of the Thesis）：エッセイの中心となる考えを繰り返す
　支持文（Supporting Sentences）：本文を要約する
　結　論（Concluding Sentence）：予測、提案、意見を述べる

　ちなみに、短い論文・記事を書く場合は、以下のような構成にします。

トピック・センテンス（Topic Sentence）：文章の中心となる考えを導入する
支持文（Supporting Sentences）：中心となる考えを詳しく説明する
結　論（Concluding Sentence）：文章の中心となる考えを繰り返す

3.1 主題文 (Thesis Statement) とアウトライン

3.1.1 主題文を書く

　トピック選択の段階で、テーマについて自分なりの問いを立て、その答えを見つけるべく、第二段階のリサーチ (先行研究の調査) を行ってきました。もしかしたら、この段階で調査の方向性や範囲が変わったかもしれません。ここでもう一度テーマを確認し、リサーチを通して見つけた答え、つまり自分の主張 (与えられた問題についての自分の見解) を明確にしましょう。そして、この主張がそのまま論文の主題文 (thesis statement) になると考えて下さい。**主題文は、これから書く論文の根幹となる主張であり、その全体の内容を凝縮するものです。逆に言えば、主題文と関係のない内容は、論文に入れてはいけません。**また、論文の構成のなかでは、序論の中心となるのがこの主題文です。

　しかし、「ここでは○○という問題について考察したい」、あるいは「△△と××それぞれの長所と短所を比較検討する」といった文は、実は主題文として適切ではありません。上記のように、**主題文は、第二段階のリサーチに先立って自分で設定した問いに対する答えであり、論文の中で検証されうる、また読者が否定あるいは賛同しうるような、一つの主張でなければなりません。**

　たとえば安楽死の問題のように、賛否両論に分かれやすいテーマを選択した場合ならば、"Active euthanasia should be legally permitted in Japan." (日本において、積極的安楽死は法的に認可されるべきだ) といった明確な主題文を立てることが可能です。でも、リサーチは必ずしもこのような Yes ／ No 形式の問いから始まるとは限りません。たとえばトピック選択シートのサンプルにある問い、"Does scientific evidence support the global warming theory, including arguments for the hockey stick phenomenon? What are the misleading or mistaken data and facts presented by the IPCC since the 1990s?" (ホッケー・スティック現象を含む地球温暖化説には科学的根拠はあるか？ 1990 年代から IPCC が提示してきたデータや事実のうち、誤解を生んだものや誤ったものはどれか？) なら、別の形式の答えが引き出されるでしょ

う。主題文の意義については、1.0 も参照して下さい。

3.1.2　アウトラインを作る

　主題文を書いたら、これを論証するための複数の論点を挙げ、またリサーチ結果の中から、それぞれの論点を補強するようなデータや事実を抜き出して、アウトラインにまとめます。各段落は一つの論点とその説明・証明にあてるようにし、同じ段落のなかで話があちこちに飛んだりしないように気をつけて下さい。

　実際に原稿を書き始めるまでは、リサーチでもアウトラインでも日本語を使おうとする人がいますが、3.0 にあるように英語の文献も必ず探すようにし、またアウトラインは英語で書きましょう。この段階まで来たら、主題と密接に関わる英語の語彙表現を知っておくべきですし、また日本語で書いてしまうと、英語にするときに論旨が微妙に変わってしまうことがあるからです。次のページのサンプルのように、主題文を上に置き、個々の論点をそれに必ず関連させながら、議論の骨組みを作っていくとよいでしょう。

　以下は、アウトラインを作る際の具体的な手順です。

Step 1: 本論で言及すべき具体的な論点を、まずは順序かまわず箇条書きにしてみます。それから、これらが分かりやすく筋道立った論旨を構成するように並べなおします。

Step 2: それぞれの論点について、トピック・センテンスを作ります。たとえば "The Problem of Emotionality in *Saiban-in* Trials"（裁判員裁判における感情論の問題）という項目であれば、"One of the major problems with the *saiban-in* system is that it is difficult to prevent deliberation from being based on emotion rather than logic."（裁判員制度の一つの大きな問題は、審議が論理ではなく感情に左右されるのを防ぐのが難しいことである）というふうに、きちんと文の形にします。こうすることで、書き進めるうちに議論の筋がぶれるのを防ぎます。

Step 3: 最後にしっかり全体の構成を見なおして、主題文と無関係であったり、前後の議論につながらないトピック・センテンスがあれば、移動するか、あるいは削除します。どう並べても議論がうまくつながらない場合は、トピック・センテンスそのものを再び検討する必要があるかもしれません。

3.2　サンプル・アウトライン

Thesis Statement:
Although the global warming theory has been turned into a world-scale environmental scare, many of the arguments by the IPCC and other advocates of the theory are based on dubious scientific data.

Arguments:
1) There are many scientists who argue that global warming is neither as dangerous nor as exceptional as the media have advertised it to be.
   i) Roy Spencer has pointed out that there is insufficient evidence to confidently attribute the current weather to human-made carbon emissions.
   ii) According to Shunichi Akasofu, global warming has been happening for the last thousand years, and no human efforts are going to stop it.
   iii) Professor Philip Stott at the University of London believes that curbing human-induced greenhouse gases will not halt climate change.

2) Many of the data and facts presented by the IPCC and the advocates of the global warming theory have been challenged and often disproved by scientists.
   i) Al Gore's *The Inconvenient Truth* shows many alarming nature video clips which have nothing to do with global warming.
   ii) On January 10, 2010, the IPCC published a statement in which they admitted the errors in their 2007 report concerning the disappearance

of Himalayan glaciers.
iii) ...

3) The "hockey stick" theory, which states that the earth's temperature has risen in recent years in an unprecedented manner, was one of the major causes of the global warming hype. However, the IPCC withdrew this theory in a later report.
   i) In *The Hockey Stick Theory* (2010), A. W. Montford points out the flaws in Michael E. Mann's construction of the Hockey Stick theory.
   ii) Richard Muller also argues that Mann et al. made major mathematical errors in calculating the hockey stick curve.
   iii) ...

※このアウトラインに基づくエッセイの実例は 71 ページを参照

4.0　原稿を書く

　さて、いよいよ原稿を書き始めましょう。2.0 でも述べたように、論文は大きく分けて序論、本論、結論の三部から構成されますが、序論と結論の内容はほぼ重複することになります。

　序論では、主題文によって論文の中核となる主張を明確に示してから、本論でどのような順序でどのような議論をしていくかをあらかじめ述べ、論文全体の構成を簡潔に説明します。また結論では、本論での議論をもう一度整理して提示し、この論証がどのような意味を持つのかを、手短に説明して終わります。序論と結論の部分を読むだけで、その論文でどのようなことが論証されているのかが読者にはっきりと分かることが、良い論文の条件だと言えます。

　なお、本書では、書式設定（書体や文字のサイズ、余白、行間、パンクチュエーションや引用符、イタリックの使い方など）に関するセクションを 5.0–5.4 に設けてあります。書式設定を行ってから文章を書き始める場合は、先にそちらを読んで下さい。また、論文中で文献を引用する場合の正しいやり方については、6.0–6.4 を参照して下さい。

　当然のことですが、文章を書くにあたっては、適切な語彙と正しい文法を用いることに細心の注意を払って下さい。最近では、冠詞（a や the）をすべて省略してしまったり、時制や人称の変化を正しく動詞の活用に反映させられない人が増えていますが、しっかり、こまめに辞書を引き、何度も推敲することで、不注意なミスをなくしていきましょう。

　また、頭の中にある日本語を単語レベルで一つずつ英語に変換し、それをつなぎ合わせて文章を作るのではなく、常に「英語では、この表現は自然だろうか」、「この名詞と組み合わせて使うのに適した動詞はどれだろう」といった観点に立って、いわば有機的に作文することを心がけて下さい。語彙の具体的な用例を調べるには、実際の新聞記事などから抜き出した長めの例文を豊富に掲載している、Merriam-Webster Online などのオンライン辞書が便利

です。

　さらに、2.0 でも述べたように、特に文系の論文では、同じ単語や言い回しばかりを繰り返し使うと、文章に工夫がないと思われてしまいます。使用語彙に多様性を持たせるには、和英辞典、英和辞典、英英辞典に加えて、類義語辞典を使うといいでしょう（Thesaurus.com などのオンライン版もあります）。

4.1　本論を書く

　序論は本論の内容をあらかじめ整理しつつ説明し、また結論は同じ内容を振り返りつつまとめる役目を果たすので、まずは本論から書き始めるのがやりやすいと言えます。

　本論を書くにあたっては、3.1.2 で作成したアウトラインを参照しながら、論理的な展開からそれないように、注意深く議論を進めていきましょう。一般的に日本語の文章では、「ところで」、「余談だが」、「それはさておき」、「話はそれるが」、「閑話休題」といった、論旨から脱線すること、あるいはしたことを宣言するような表現が豊富ですが、**特に英語のアカデミック・ライティングにおいて、脱線は原則的に禁物です。論文のすべての構成部分が、その中核となる主張**（主題文）**を支え、また各文はその段落の主旨**（トピック・センテンス）**の論証にあてられなければなりません。**

4.1.1　パラグラフ・ライティングとは

　英語で書かれた論文には、原則として一つの段落が一つの主張を提示するという、はっきりした構造があります。そのような論文を書くためには、議論を乱雑につなげるのではなく、きちんと段落ごとに内容を整理して積み上げていく必要があります。こうして、アウトラインで書き出したトピック・センテンスを「骨」として、これを支持文で補強することによって段落に「肉付け」していくことを、パラグラフ・ライティングと呼びます。この補強の方法には、以下のようなものがあります。

例　示　トピック・センテンスの主張を具体的に説明あるいは証明する例を、引用を用いるなどして提示します。

言い換え　トピック・センテンスの主張を、別の言い方で繰り返し、読者の理解を深めます。

留　保　トピック・センテンスの主張が、読者に誤解を受けないように、「というのは、○○という意味ではなく、△△だということである」などと言い直すことで、論点をさらに明確にします。

4.2　論旨の展開を分かりやすくするために

　4.0でも述べたように、**序論は本論の構成を分かりやすく示すもので**、いわば議論の配置図のような役目を果たします。これに加えて、さらに本論の論旨展開を読み手にとって分かりやすくするために、議論の道案内を行う標識のような語や表現を文章に組み込んでいくことができます。

　議論の「道しるべ」となるのは、話の順序や因果関係などを示す語句や表現です。これらを段落と段落の間、センテンスとセンテンスの間、あるいは節と節の間に入れることで、読者は話の筋道を見失わずに済みます。ただし注意したいのは、英語の文章の場合、たとえば因果関係が自明なときには、あえて"therefore"や"so"といった順接を示す語を省いたりするなど、ある意味で「経済的」です。ですから、道しるべを立てなければ読者が迷ってしまうと予想される場所を中心に、次頁のような語句や表現を入れていきましょう。また4.4には「道しるべ」を用いた短い文章をサンプルとして掲載してありますので、参考にして下さい。

4.2.1 論の順序やつながりを示す表現

	文頭で使う	文の途中で使う
順序	Firstly, ... Secondly, ... First of all, ... Next, ... Finally, ...	..., and then ...
付加・敷衍	Additionally, ... In addition, ... Moreover, ... Furthermore, ...	..., and ...
結論	In conclusion, ... To sum up, ...	
因果関係 (順接)	Therefore, ... As a result, ... Consequently, ...	..., because ... ..., so ... ..., and thus ...
逆接	Although ... Even though ... However, ... Despite the fact that ...,	..., but ... ..., even though ... ..., although ... ..., despite the fact that ...
対比	Whereas A is ..., B is ... While A is ..., B is ... In contrast, ... On (the) one hand, ... / On the other hand, ...	A is ..., whereas B is ... A is ..., while B is ...
言い換え・補足	In other words, ... That is, ... This means that ...	..., or rather, ..., that is, ..., which means that ...
留保	That is not to say that ... This does not mean that ...	..., which is not to say that ... ..., which does not mean that ...
例示	For example, ... For instance, ... To give one example, ...	..., such as ... ..., an example of which is ...

4.2.2 論文中で避けるべき表現

4.1 で述べたように、論文においては、話が「脱線」することは原則として許されません。ですから、**まさに話の完全な脱線を宣言してしまう** "By the way, ..." **という表現は避けましょう**。これを使うと、一貫した論旨を伝えることを放棄したと思われてしまいます。ただし、文頭に "Incidentally, ..."（ちなみに、ついでに言えば）を使う場合はあるようですが、これも上と同じ理由から、多用しない方がよいでしょう。

4.3　序論・結論を書く

4.3.1　序　論

序論は主題文を中心に展開しますが、すぐに本題に入るか、あるいは何か読み手の関心を引くような導入部を考えるかは、書き手の工夫次第です。ただし、**論文は随筆ではないので、たとえ本題と最終的に関係があっても、雑談めいた話や、あるいは自分の個人的な体験の話から入らないようにしましょう**。そもそも、論文ではできるだけ「私」(I) という主語は使わず、「本稿／この論文」(this paper) などの語句で置き換えるのが基本です。また論文の内容は、他人の言葉の引用を除き、すべて著者の見解であることが前提となっているので、"I think" や "I believe" や "In my opinion" といった表現は不要です。

以下、序論で使える表現をいくつか挙げておきます。

This paper will examine [discuss, analyze] the objectives and problems of the Kyoto Protocol with a skeptical perspective on the threat of global warming.
（この論文は、地球温暖化の脅威に対して懐疑的な視点から、京都議定書の目標と問題を検証［議論、分析］するものである。）

In this paper, the objectives and problems of the Kyoto Protocol **will be**

examined [discussed, analyzed] with a skeptical perspective on the threat of global warming.
（この論文では、地球温暖化の脅威に対して懐疑的な視点から、京都議定書の目標と問題が検証［議論、分析］される。）

This paper attempts to clarify [uncover, disclose] the true causes of the high suicide rate in Japan.
（この論文は、日本の高い自殺率の真の原因を解明することを試みるものである。）

This paper aims to explore the possibility of providing immigrants in Japan with jobs which are both legal and rewarding for them.
（この論文は、日本における外国人労働者に、合法的でやりがいのある仕事を与える可能性を探るものである。）

4.3.2　結　論

　結論の目的は、主に本論の道筋を要領よくたどり直し、主題文にまとめられた主張の正しさを示すことです。結論では、たとえば次のような表現が使えます。

As we have seen above [As this paper has demonstrated / As exemplified by the arguments above], the issue of global warming has left the realm of science and become a matter of great political significance on a global scale.
（ここまで見てきたように［本稿が示してきたように／上の議論で例証されたように］、地球温暖化の問題は科学の領域を出て、世界的な規模で大きな政治的重要性を持つ問題となった。）

　なお、結論部では、原則として新しい論点を紹介しないことになっていますが、紙幅の関係でどうしても扱いきれなかったことなどについて、

今後の研究・調査の可能性を示唆することはできます。ただしその際、本論における主張の正当性を最後になって弱めるような書き方をしてはいけません。たとえば、「このように議論してきたが、○○を調べてみないことには、最終的にははっきりしたことは言えない」というように、あえて自信のなさを示すような終わり方は勧められません。

4.4 　文章サンプル

4.4.1 　短めの学術論文 (The Academic Essay)

それでは、短めの論文を書いてみましょう。基本的な構成は以下のようになります。

序　論 (Introductory Paragraph)
　つかみ (Hook)：読者の注意を引く
　支持文 (Supporting Sentences)：トピックの背景知識を提供する
　主題文 (Thesis Statement)：論文の中心的な考えを導入する
本　論 (Body Paragraphs)
　トピック・センテンス (Topic Sentence)：この段落の中心となる考えを導入
　支持文 (Supporting Sentences)：中心となる考えを詳しく説明する
　結　論 (Concluding Sentence)：中心となる考えを再び述べる
　　　　　　　＊この後のサンプルでは3つの論点で構成されます。
結　論 (Concluding Paragraph)
　主題の繰り返し (Restatement of the Thesis)：この論文の中心となる考えを再び述べる
　支持文 (Supporting Sentences)：本文の段落を要約する
　結　論 (Concluding Sentence)：予想、勧告、意見を述べる

この構成にあてはめながら、「公共の場での喫煙の是非」というテーマで文章を組み立ててみます。まず、次に示されたようなトピックについて、メモをしながらブレーン・ストーミングをしてみます。

与えられたトピック (Prompt)： Many lawmakers believe that it is a good idea to ban all smoking in public in Japan. Explain why you agree or disagree with this opinion.

まず、①主題文 (Thesis Statement) と②それを支持する論点 (Supporting Points) の順に考えた後に、③論を導入するつかみ (Hook)、そして④結論 (Conclusion) を考えます。例えば、以下のようなメモを作ります。

①**主題文** (Thesis Statement)：

> - Cigarette smoking should be banned in public places in Japan for the following reasons: it affects the health of everyone; it is unpleasant and hazardous; and it has a negative influence on children.

②**支持する論点** (Supporting Points)：

> - Smoking in public affects the health of everyone.
> - Research shows that secondhand smoke can cause cancer in non-smokers.
> - The smoke that comes from the lit end of the cigarette contains more toxic chemicals than the smoke that the smoker breathes in.
> - Secondhand smoke is also dangerous for people who already have lung problems like asthma.
> - Smoking in public is unpleasant and hazardous.
> - Cigarette smoke smells badly, and can remain in hair and clothes for hours.
> - Discarded cigarette butts look ugly, and can even cause fires.
> - Cigarettes are held at the same height as a child's face, so may cause burns.

- Smoking in public has a negative influence on children.
- Children who often see adults smoking begin to think that it is normal behavior.
- These children may want to try smoking themselves.
- Smoking may even lead to alcohol or drug abuse.

③**つかみ** (Hook)：
（ブレーン・ストーミングのためにいくつか可能性のあるものを列挙します。）

- Although the number of smokers in Japan is decreasing, almost 30 million Japanese people still smoke cigarettes.
- Over 40 countries worldwide now have a ban on smoking in public.
- The government has a responsibility to take care of the health and welfare of its citizens.
- Have you ever had to breathe in another person's cigarette smoke?

④**結論** (Conclusion)：

- People may have the right to smoke, but they do not have the right to do so in public.
- The government should increase the amount of "smoking rooms," and at the same time create punishments for smoking in public.
- If the government bans smoking in Japan, the country will be a cleaner and healthier place to live.
- Japan must join the rest of the developed nations by enacting a ban on smoking in public.

　このメモを、③つかみ、①主題文、②支持する論点、④結論の順番に並べ替えるとアウトラインが出来上がります。

Introduction(序論)

Hook(つかみ)
- The government has a responsibility to take care of the health and welfare of its citizens.

Thesis Statement(主題文)
- Cigarette smoking should be banned in public places in Japan for the following reasons: it affects the health of everyone; it is unpleasant and hazardous; and it has a negative influence on children.

Body(本論)

1) Smoking in public affects the health of everyone.
   - Research shows that secondhand smoke can cause cancer in nonsmokers.
   - The smoke that comes from the lit end of the cigarette contains more toxic chemicals than the smoke that the smoker breathes in.
   - Secondhand smoke is also dangerous for people who already have lung problems like asthma.

2) Smoking in public is unpleasant and hazardous.
   - Cigarette smoke smells badly, and can remain in hair and clothes for hours.
   - Discarded cigarette butts look ugly, and can even cause fires.
   - Cigarettes are held at the same height as a child's face, so may cause burns.

3) Smoking in public has a negative influence on children.
   - Children who often see adults smoking begin to think that it is normal behavior.
   - These children may want to try smoking themselves.
   - Smoking may even lead to alcohol or drug abuse.

Conclusion(結論)

- If the government bans smoking in Japan, the country will be a cleaner and healthier place to live.

このアウトラインを基に書いたのが以下のエッセイです。
4.2.1 の表にある「道しるべ」的な語句や表現 (下線部分) がどのように使われているか、見てみましょう。

Smoking in Public

One of the primary duties of a government is to take responsibility for the health and welfare of its citizens. To fulfill this duty, over forty countries worldwide have now banned the smoking of cigarettes in public areas. **However**, unlike most other developed nations, Japan still allows its citizens to do so. The time has come for the Japanese government to enact stricter regulations on tobacco use, beginning with a ban on smoking in public. Cigarette smoking must be banned in public places in Japan for the following reasons: it affects the health of everyone; it is unpleasant and hazardous; and it has a negative influence on children.

The **first** reason why Japan must prohibit smoking in public is that smoking affects the health of everyone. The fact that cigarettes cause cancer is well known. Research shows that secondhand smoke can cause cancer in nonsmokers as well. In fact, the smoke that comes from the lit end of a cigarette contains more toxic chemicals than the smoke that a smoker breathes in directly. **In addition**, small amounts of secondhand smoke can still be dangerous for people with lung problems like asthma. Since even brief exposures to smoke can harm the health of nonsmokers, tobacco use in public must be stopped.

The fact that smoking in public is unpleasant and hazardous is the **second** reason why it must be banned. Cigarette smoke smells badly. Not only is the smell unpleasant to a nonsmoker who must breathe it in, this smell can remain in hair and clothes for hours afterward. Smoking is visually offensive as well. Discarded cigarette butts look ugly when littered all over the streets and sidewalks. These discarded butts can also start fires if they are thrown away when still lit. Another hazard of smoking is the fact that smokers often hold their burning cigarettes at the same height as a child's face. Nonsmokers should no longer be exposed to these nuisances and hazards, and so the government should enact a ban on public smoking.

The **final** reason why public tobacco use should be banned in Japan is the fact that smoking in public has a negative influence on children. Children who frequently see adults smoking in public may begin to think that cigarette use is normal, or even fashionable, behavior. As they grow older, these children may want to try smoking themselves. The bodies of children and adolescents are still developing, so the effects of smoking on their health are even more harmful than the effects on the health of adults. **In addition** to these damaging effects on health, some research shows that early cigarette use may even lead to later alcohol or drug abuse. A prohibition on smoking in public will therefore improve the health and welfare of Japan's younger citizens.

Japan must join the rest of the world in banning the use of tobacco products in public. This essay has presented three important reasons why. **Firstly**, exposure to cigarette smoke affects the health of both smokers and nonsmokers. **Next**, smoking is an unpleasant and hazardous habit that nonsmokers should not be forced to experience. **Finally**, cigarette use has a negative influence on the health and welfare of children. Quite simply, a ban on public cigarette use in Japan will make the country a cleaner and healthier place to live.

4.4.2　その他のスタイル

　同じ主題を異なるスタイルで書いてみます。以下に示すのは、①アカデミック・パラグラフ、②インフォーマル・エッセイ、③インフォーマル・パラグラフです。①は 4.4.1 のサンプルを一段落の長さで書いたものです。②は文体と形式をよりインフォーマルにしたもので、③はそれを短くしたものです。②と③では、疑問文での語りかけを用いたり、一人称を用いたりしています。同じ主題でも書き方によって大きく印象の異なる文章となることに注目して下さい。

①アカデミック・パラグラフ (Academic Paragraph)

　論文 (essay) よりも短く、1 段落で完結するようなアカデミック・パラグラフの場合も以下のポイントを押さえるようにします。

　トピック・センテンス (Topic Sentence)：本文の中心となる考えを導入
　支持文 (Supporting Sentences)：中心となる考えを詳しく説明する
　結　論 (Concluding Sentence)：本文の中心となる考えを再び述べる

　The Japanese government should ban smoking in all public places, and there are three reasons why it should do so. Firstly, smoking in public affects the health of everyone. Much research shows that secondhand cigarette smoke can cause cancer in nonsmokers. The smoke that comes from the burning end of the cigarette contains more toxic chemicals than the smoke that the smoker breathes in. The second reason is that smoking is an unpleasant and hazardous habit. Cigarette smoke smells badly, and can remain in a nonsmoker's hair and clothes for hours. Discarded cigarette butts look ugly, and can even cause fires. Finally, cigarette smoking can have a negative influence on children. Children who often see adults smoking may begin to think that smoking is normal behavior. Eventually, these children may want to try smoking themselves. In order to prevent these harmful effects from happening, the government should ban the smoking of cigarettes in public as soon as possible.

②インフォーマル・エッセイ (Informal Essay)

Have you ever been in a situation where you could not escape someone's cigarette smoke? Perhaps you were eating a meal in a restaurant, and the people at the next table were smoking. Or perhaps you were in a nightclub or at a concert where many of the patrons were smokers. Being forced to endure the smoke from a cigarette is a frustrating (and unhealthy) experience. Unfortunately, Japan is one of the few countries in the world that still tolerates public tobacco consumption. The time has come for the Japanese government to enact stricter regulations on tobacco use, beginning with a ban on smoking in public. Cigarette smoking affects the health of everyone, is unpleasant and hazardous, and has a negative influence on children. For these reasons, Japan should ban tobacco use in public.

You are no doubt aware of the fact that cigarettes cause cancer. Research shows that secondhand smoke can cause cancer in nonsmokers as well. In fact, the smoke that comes from the lit end of a cigarette contains more toxic chemicals than the smoke that a smoker breathes in directly. A smoker smoking in public does more harm to your body than his or her own. And small amounts of secondhand smoke can still be dangerous for people with lung problems like asthma. If you have ever had to experience someone else's cigarette smoke when you had a cold or influenza, you may understand how these people feel.

Smoking is not only unhealthy, it is also a disgusting and dangerous habit. Cigarette smoke smells badly. Not only is the smell unpleasant to those who must breathe it in, this smell can remain in hair and clothes for hours afterward. You may have experienced this effect yourself after an evening in a café or restaurant frequented by smokers. Smoking is visually offensive as well. Discarded cigarette butts look ugly when littered all over the streets and sidewalks. These discarded butts can also start fires if they are thrown away when still lit. Another hazard of smoking is the fact that smokers often hold their burning cigarettes at the same height as a child's face. This last fact brings me to my final reason why smoking in public should be banned.

Smoking should be banned in public because it has a negative influence on children. Children who frequently see adults smoking in public may begin to think that cigarette use is normal, or even "cool," behavior. And as they grow older, these children may want to try smoking themselves. The bodies of children and adolescents are still developing, so the effects of smoking on their health are even more harmful than the effects on the health of adults. In addition to these damaging effects on health, some research shows that early cigarette use may even lead to later alcohol or drug abuse. Children should not be exposed to these risks.

Smoking is an unhealthy, disgusting, hazardous habit that has detrimental effects on the lives of smokers, nonsmokers, adults, and children. Banning the use of tobacco in public would almost immediately improve the overall health and welfare of Japan's citizens, and so this ban should be enacted immediately. If you are a nonsmoker like me, I am sure that you will agree with this opinion.

③インフォーマル・パラグラフ (Informal Paragraph)

Have you ever been in a situation where you could not escape someone's cigarette smoke? Being forced to endure the smoke from a cigarette is a frustrating and unhealthy experience. Unfortunately, Japan is one of the few countries in the world that still tolerates public tobacco consumption. The time has come for the Japanese government to enact stricter regulations on tobacco use, beginning with a ban on smoking in public. I can think of three reasons why this ban should happen. To start, smoking is a habit that affects the health of both smokers and nonsmokers. Next, cigarette smoke smells unpleasant, and discarded cigarette butts look disgusting and can cause fires. Finally, smoking has a negative influence on children. Banning the use of tobacco in public would almost immediately improve the overall health and welfare of Japan's citizens, and so this ban should be enacted immediately. If you are a nonsmoker like me, I am sure that you will agree with this opinion.

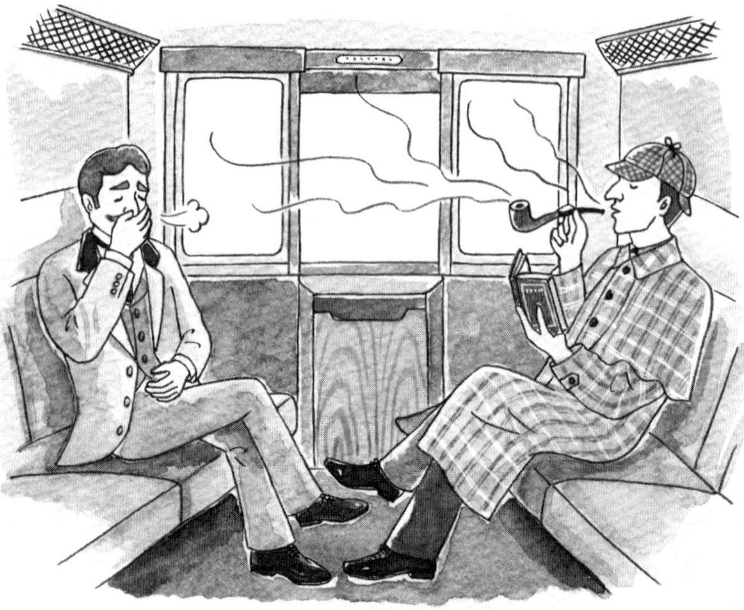

5.0　論文の体裁を整える

　さて、論文の中身ができたところで、今度はその体裁、つまり「書式」を整備していきましょう。あなたの文章を先生あるいは学会に提出するためには、これをきちんとした「パッケージ」にしなければなりません。正式な論文あるいはレポートの場合、書式については予め指示があるのが普通ですが、細かいルールが分からないときは、アカデミック・ライティングの標準的な書式に従っておくとよいでしょう。

　「形式より中身が大事じゃないか」と思えるかもしれませんが、多数の論文を採点あるいは査読する側からすれば、統一された書式ですべての原稿が届けられて初めて、安心して中身を比較することができるのです。アメリカなどの大学では、書式が整っていないレポートは大幅な減点をされたり、最悪の場合は受理すらされないこともあります。せっかく苦労して書いた原稿をちゃんと読んでもらうためにも、体裁をおろそかにしないようにしましょう。

5.1　論文タイトルについて

　書式を整えるに先立って、論文にタイトルをつけましょう。タイトルの作り方に細かい規則はありませんが、長さや形式についてのゆるやかな目安はあります。また、見る人の興味を引くには、それなりのオリジナリティーがあるほうが望ましいですが、かといってふざけたものや、単に奇抜なものはいけません。

　以下、実際に学生が考えた論文タイトルを参考に、良いタイトルのつけ方を考えてみましょう。

　　例1〕Fair Trade Coffee in Japan

　ちょっとシンプル過ぎます。論文の大まかなテーマは分かっても、そ

れをどのような角度から論じようとしているのかが分かりません。論文タイトルは、本論で展開される議論の方向性を、ある程度示すものが望ましいといえます。

ですから、論文の内容を反映させて、たとえば

> The Prospects for Fair Trade in Japan: How the Government, Companies and Individuals Can Contribute to Its Development

というように、メインタイトルとサブタイトルの二重構成にすると、前半で読者の注意をひき、後半で具体性を持たせることができて、便利です。これは、新聞や雑誌記事の見出しでもよく採用されるやり方です。

例2〕 What Companies Should Do for Women Employees

これも少々具体性に欠けますね。上の例にならって、たとえば

> Promoting Woman Power in the Corporate Environment: What Japanese Companies Can Do for Working Mothers

などと書き換えることができそうです。

例3〕 Financial Problems in the Elderly Nursing System in an Aged Society: Japanese Policies Compared to Those of Sweden

今度は具体性は十分ですが、特に最後のあたりがちょっと長々しいので、すっきりさせてみましょう。

> Financing the Elderly Nursing System: Comparing Governmental Policies in Japan and Sweden

または

> Governmental Policies for Financing the Elderly Nursing System: A Comparison of Japan and Sweden

といった形で整理できます。なお、**タイトルの長さはせいぜい15〜20語程度にとどめるのが良さそうです**。

5.2 書式サンプル

> 左上に自分の氏名、担当教授の名前、コース名、日付を入れます。

Sakura Kunitachi
Professor Smith
English II
June 15, 2015

> タイトルでは、各単語の最初の文字を大文字にしますが、in や to などの前置詞や and などの接続詞では、大文字にする必要はありません。(ただしタイトルのいちばん初めに前置詞が来た場合は例外。)

Can Graduates Find a Job?: The Current Employment Problem in Japan

> 段落の始めはインデントします。ピリオドの後には必ず 1 字分スペースを空けます。また余白 (マージン) を見やすいように設定し、行間も 1.5 あるいは 2.0 (ダブルスペース) に設定しましょう。

 This paper aims to analyze the current situation of employment in Japan, and to consider what college undergraduates can do to prepare for their job hunting activities in the near future. First, the recent employment situation in Japan has to be examined. According to data published by the Ministry of Internal Affairs and Communications (MIAC) last week, the current unemployment rate is 5.1%. What is more, there are only 44 jobs available per 100 people seeking them. However, even this situation was not so bad compared with last month. Nevertheless, the situation is still at the worst level.

> データなどで数字を頻繁に出す場合には、このように文字で表記せず、アラビア数字を使ってかまいませんが、なるべく表記方法は統一するようにしましょう。

> Don't, won't, aren't, I'm などの省略形は使わないようにしましょう (直接引用の場合は別です)。

 The problem of temporary personnel services is also serious. According to a recent *Asahi Shimbun* article, the current number of temporary workers is 3.99 million: it has increased by 4.6% since last

> 新聞の名称はイタリックで表記します。書籍や雑誌のタイトルも同様。(本来はこの後に出典を示すべきですが、ここでは省略します。出典の示し方については 6.0 を参照。)

year. However, we should be especially concerned with the employment situation of new college graduates. In March this year, the Japanese media shockingly reported that some companies had canceled their decisions to employ new graduates. The Ministry of Health, Labor and Welfare (MHLW) says that only 40% of college seniors have found new jobs by now. In addition, 62.5% of students who are going to graduate from university this March have been informally promised employment, but this rate is 7.4% lower compared with the previous year. It is said that new graduates will be facing job shortages for several years to come.

Furthermore, new graduates of junior high schools and high schools are expected to have even more difficulty in finding a job. For example, there are only 28 jobs available per 100 new graduates of junior high schools, according to a survey conducted by the MHLW.

> 段落と段落の間に行を空ける必要はありません。

5.3 書式設定について

　書式とは、文書の体裁に関するルールを指します。論文ならば、使用する文字の字体とサイズ、余白、段落、行間、パンクチュエーション（日本語で言えば句読点の打ち方）などが書式に含まれます。英米などの大学では、レポートが課される際に、書式設定についても一通り指示があることが多いですが、もし特に指示がなかった場合には、以下のような標準的な設定で作成し、A4判の紙に黒のインクで印刷して、必ずホチキスで留めて提出しましょう。

字体 (Font) と文字サイズ (Font Size)

　論文はまず見やすいことが第一です。Mircrosoft Word などでは奇抜な字体も選択できますが、大学のレポート等では、以下の枠内のような標準的な字体と文字サイズを使いましょう。

Rockwell（9 ポイント）　字が小さすぎます。字体も、ちょっと見にくいですね。

Times New Roman（10.5 ポイント） Century（11 ポイント） Arial（12 ポイント）

＊適切なフォント、サイズです。

Colonna MT（14 ポイント）　文字サイズが大きすぎます。字体も論文向きではありません。

余　白 (Margins)

　これも特に指定がなければ、手持ちのワープロ機能で標準的な余白に設定しておきましょう。(5.2 の書式サンプルも参考にして下さい。)

行間設定 (Line Spacing)

　シングルスペースとは 1.0 行、ダブルスペースとは 2.0 行の行間設定をそれぞれ指します。特に指定がない場合は、ダブルスペースあるいは 1.5 行に設定しておきましょう。

段　落 (Paragraphs)

　各段落の 1 行目は、次の行よりも少し右にずらします。これをインデント（indentations）といいます。コンピューターのキーボードの左端の中央あたりにある Tab キーを一度か二度押すと、ちょうど良いインデント

ができます。あるいはスペースで半角2〜5字分のスペースを空けても いいでしょう。ただし、必ずどの段落も同じ深さのインデントになるよ うにして下さい。

なお、段落と段落の間に行を空ける必要はありません。

パンクチュエーション (Punctuation)

コンマ (,)、ピリオド (.)、コロン (:)、セミコロン (;)、クエスチョン・ マーク (?)、エクスクラメーション・マーク (!) のことを、まとめてパン クチュエーション・マークと呼びます。これらの後は、必ず半角で1文 字分スペースを空けるようにして下さい。ピリオドの後は2文字分のス ペースを空ける書式もあります。いずれの場合も、パンクチュエーショ ンの前にスペースを空ける必要はありません。

5.4　イタリックと引用符の使い方

イタリック(斜字体)と二重引用符(" ")の正しい使い方を身につけましょ う。以下は、これらの使用に関する原則的なルールです。ただし、まれ な事例や例外については、MLA (65ページ参照) などのスタイル・マニュ アルを参考にして下さい。

イタリックを使用する場合

- 英語以外の言語に属する単語 (固有名詞は除く)

The concept of *wabi sabi* is said to represent the Japanese sensibility.
ただし、すでに英語の読者になじみのある次のような語については、 特にイタリックにする必要はありません。

sushi, tsunami, anime, amigo, laissez-faire, kindergarten

- 書籍、新聞、雑誌、ウェブサイト、映画、音楽アルバムなどのタイトル

the *Asahi Shimbun*, *Newsweek*, *Crime and Punishment*, *Yomiuri Online*

引用符を使用する場合
- 人の発言や文章の直接引用
- 書籍、雑誌、新聞、ウェブサイト、映画、音楽アルバムなどに含まれる小さなユニット（本や小説を構成するそれぞれの章や短編、雑誌・新聞の記事、論文、アルバムの中の一曲など）のタイトル

> Perhaps the best known Beatles song is "Let It Be," included in the album *Let It Be* (1970).
>
> The last story included in James Joyce's *The Dubliners* (first published in 1914) is "The Dead."
>
> This incident was mentioned in a *New York Times* article entitled "Japan Goes from Dynamic to Disheartened" on October 10, 2010.

★ 以下の場合は、イタリック・引用符を使う必要はありません。
- 人名、地名、会社や学校を含む組織・団体名などの固有名詞

> Barack Obama, Sōseki Natsume, Kuala Lumpur, Hitotsubashi University

注意点
- 引用符は、ちょっと見づらいですが、よく見るとこのようになっています。

  " "

  始めと終わりの符号の向きなどを間違えないように、気を付けましょう。
- 引用符の内側にさらに引用符を使う必要があれば、一重の符号（' '）を使います。

  > He said, "My favorite Sherlock Holmes story is 'The Hound of the Baskervilles.'"
- 英語では引用符を *quotation marks*，二重引用符を *double quotes*，一重引用符を *single quotes* といいます。

6.0　さまざまな引用の仕方を学ぶ——剽窃を避けるために

　論文を書く際には、当然ながら多くの資料文献に当たることになります。その際、これらの文献の名前をすべて挙げる必要があります。これを行わず、他人の言葉や考えを自分のものとして提示した場合には、剽窃行為と見なされます。いわゆる「コピペ」が違反行為であるのは当然ですが、参考にした文章を自分の言葉で書き換えたり、まとめたりした場合も、その引用元を明らかにしなければ、剽窃と見なされます。正しい引用方法を学ぶことこそが、アカデミック・ライティングを習得するにあたって最も重要だと言っても過言ではありません。

　文献やインタビュー等から他人の言葉を引用する方法としては、元の文章あるいは発言をそのまま、一語一句違えずに紹介する直接引用（direct quotation）と、これを自分なりの言葉で伝える要約（summary）や言い換え（paraphrase）などの間接引用（indirect quotation）があります。他人の考えを、自分のものときちんと区別しながら議論に取りこみ、これを補強していくことが重要です。

6.1　直接引用と間接引用

　直接引用は、その人の言葉遣いやそのニュアンスを損ねずに済むという利点がある一方、二重引用符（" "）を用い（ただし、6.3.2のような引用の場合には、使わないことがあります）、自分の文章に割りこませる形になるため、議論の流れを中断してしまう可能性があります。またスペースを多く取りがちなので、あまりむやみに行うのも問題です。

　その点、間接引用ならば、自分の論点に関係する箇所だけを抽出しやすく、またどれだけの紙幅を割くかも自分で決められます。けれども、他人の考えを自分の言葉で正しく伝えるのは、なかなか難しいことです。まずは引用元の文章や発言をできるだけ正確に読み取り、咀嚼するとこ

ろから始めなくてはなりません。また、同じ内容を違う表現や単語を用いて言い換えるには、文法や語彙の力が必要とされます。

　さまざまな形態の引用を上手に使い分け、これを自分の論旨展開にもっとも有効な形で生かせるよう、工夫しましょう。

6.2 　引用時によく使う動詞や表現

　他人の言葉を引用する、あるいは他人の意見を要約する（自分の言葉でまとめる）ことを示す際には、さまざまな英語表現が使えます。ただし、いずれも辞書的な意味だけでなく、ニュアンスが少しずつ異なるので、それぞれの語感をよく考えて、上手に使い分けられるようになりましょう。

　まず、「誰々はこう言っている」という、もっとも単純で中立的な形の引用には、以下のような表現が使えます。

　　O'Neil says that . . .
　　O'Neil comments that . . .
　　O'Neil writes that . . .
　　O'Neil states that . . .

ただし、これらに類するものでも、以下のような動詞は、使い方によっては、引用される意見の真偽を問うようなニュアンスを含むこともあります。

　　Kawabata suggests that . . .
　　Kawabata claims that . . .
　　Kawabata attests that . . .
　　Kawabata asserts that . . .
　　Kawabata argues that . . .
　　Kawabata contends that . . .

Kawabata maintains that . . .
Kawabata insists that . . .

たとえば、

Kawabata <u>claims</u> that it is impossible to disprove his theory with any existing evidence.
（川端は、既存のいかなる証拠をもってしても、彼の理論を反証することは不可能だと主張する。）

というような文ならば、文脈と動詞 claim の使い方から、紹介されている意見（川端の説）の信憑性に、論文の書き手が疑いを抱いていることを示唆します。assert, maintain, insist なども同様で、"Kawabata says that . . ." などの中立的な表現よりも書き手の立場を明確にすることができるため、反論したい意見を引用する時に便利です。
　次に、「誰々はこう考えている」と言いたいときに使う

Chekhov supposes that . . .
Chekhov assumes that . . .
Chekhov presumes that . . .
Chekhov speculates that . . .

などの表現は、引用される人の考えや信条に、論文の筆者が十分な根拠を見出していないという含みを持つことがあります。同様に、たとえば

<u>Allegedly</u>, the fastest way to learn English is to do it in one's sleep.
（真偽のほどは分からないが、英語をもっとも速く学ぶ方法は睡眠学習だといわれている。）

というような場合、文頭の副詞によって、それ以降の内容が疑わしいも

のでありうることが示されています。この他に、arguably（議論の余地があるが）なども似たような使い方をします。

　どの文脈でどの語を使うかの判断は、最初は難しいかもしれませんが、多くの英語の文章を読むうちに、いわば言葉の手触りを感じ取れるようになるでしょう。多彩な単語をあやつり、さらに英語独特の皮肉や婉曲表現を効果的に使えるようになれば、文章を練るのが楽しくなるはずです。

　この他にも、ここにはとても載せきれないほど多様な表現がありますが、使えそうな表現をいくつか挙げておきます。

>　Tan hypothesizes that . . .
>　Tan acknowledges that . . .
>　Tan concedes that . . .
>　Tan demonstrates that . . .
>　Tan denies that . . .
>　Tan investigates . . .
>　Tan's data shows that . . .
>　Tan theorizes that . . .
>　Tan recognizes that . . .
>　Tan admits that . . .
>　Tan illustrates that . . .
>　Tan rejects the idea that . . .
>　Tan explores . . .
>　In a research conducted by Tan, . . .

6.3　直接引用のパターン

　直接引用は、引用箇所の長さによってやり方が少し異なります。短い場合は上手に地の文章（つまり自分の文章）に組み込み、長い場合は地の文章から切り離して示します。

6.3.1　短い引用

　引用の長さが 4 行以内におさまる場合は、二重引用符(" ")を使って、地の文に組み込みます。以下、いくつかのパターンを紹介します。

> Martin Luther King Jr. once said, "A right delayed is a right denied."
>
> Oscar Wilde held a cynical view: "Consistency is the last refuge of the unimaginative."

最もシンプルな引用の仕方です。このような場合、二重引用符の中の引用は新しい文とみなし、文頭の語の最初の文字は大文字になります。

> "Reality is merely an illusion, albeit a very persistent one," said Albert Einstein.

文が引用で始まり、主語と動詞が倒置になっています。

> "Politicians like to tell people what they want to hear," said Paul Samuelson, "and what they want to hear is what won't happen."

引用文を分割し、その間に地の文を挟みこんでいます。
　また、これも主語と動詞が倒置になっています。

> Oscar Wilde called consistency "the last refuge of the unimaginative."
>
> Abraham Lincoln defined a friend as "one who has the same enemies as you have."

いずれも地の文に引用をうまく埋め込んでいます。

引用者が引用に手を加える場合

　原文にスペルの間違いなどがある場合、そのまま引用した後に［sic］（「原文に同じ」の意）を加えます。

> John Ruskin wrote to his son: "Nothing can be truer to Shakespear [sic] than Mr Millais's Ophelia."

　引用者が強調を加えた場合、イタリックでその箇所を示し、［emphasis added］とピリオドの前に入れます。

> Lincoln specifically advocated a government "*for* the people" [emphasis added].

　なお、イタリックによる強調の多用は避けるべきだとされています。イタリック体が多いと読みにくいせいもありますが、字体に依存せず、構文を工夫するなどして文章で補うべきだと考えられているからです。
　引用された文の中だけでは意味内容がはっきりしない代名詞などは、［　］を使って言い換えたり、説明を補足します。

> Haruki Murakami said in an interview that he "had compassion for them [salarymen and businesspeople]."

　読者に意味が正しく伝わらないことが予想される単語をわかりやすく言い換える場合も、［　］で補足します。

> As Satan observes Eve, he forgets his malice for a moment, and remains "stupidly [absent-mindedly] good."

6.3.2　長い引用

　引用が5行以上にもわたる場合、そのまま引用符に入れても読みにく

いため、次のように文をコロンで区切り、その後に1行空けてから全体を字下げして引用します。

> Haruki Murakami has always been distrustful of the traditional way of life in Japan. In his interview with Laura Miller in 1997, he spoke empathically of the younger generation in Japan:
>
> > I myself have been on my own and utterly independent since I graduated. I haven't belonged to any company or any system. It isn't easy to live like this in Japan. You are estimated by which company or which system you belong to. That is very important to us. In that sense, I've been an outsider all the time. It's been kind of hard, but I like that way of living. These days, young people are looking for this kind of living style. They don't trust any company. Ten years ago, Mitsubishi or other big companies were very solid, unshakable. But not anymore. Especially right now. Young people these days don't trust anything at all. They want to be free. This system, our society, they won't accept such people. So these people have to be outsiders, if they graduate from school and don't go to any company.

このような形にしても、あまりに長い引用を多用すると、論文が読みにくくなり、書き手の怠慢とみなされかねません。部分的に間接引用（パラフレーズや要約）できないかを検討しましょう。また、長い引用を示した後では、その引用部分の中の語句への言及を含めた、自分なりのコメントをしっかり書くことが必要です。それができないなら、短い引用やパラフレーズ、要約で紹介する方が適切だということです。

　どうしても長文を引用する必要がある場合には、分割して引用するか、自分にとって重要でない部分を省略することもできます。たとえば上記の引用で、途中でいくつかの文を省略したい場合は、"..."を用いて省略部分を示します。次の例文では"..."の後にセンテンスの終わりのピ

リオドがついて、"...."となっています。

> I myself have been on my own and utterly independent since I graduated. I haven't belonged to any company or any system. It isn't easy to live like this in Japan. You are estimated by which company or which system you belong to.... Young people these days don't trust anything at all. They want to be free. This system, our society, they won't accept such people. So these people have to be outsiders, if they graduate from school and don't go to any company.

6.4　間接引用──パラフレーズとサマリー

　他者の言葉をそっくりそのまま写す直接引用は、書き直しが不要だという点で簡単そうに思えますが、上に述べたように、地の文章の流れを中断してしまうこと、また議論にスムーズに組み入れるのが時に難しいことから、やや不便でもあります。一方、間接引用なら、自分の議論や文体にすんなりなじませる形で、他者の考えや言葉を紹介することができますが、そのためにはまずはきちんとその人の意図を理解した上で、自分なりの言葉で伝え直す必要があります。

6.4.1　パラフレーズ

　パラフレーズとは、他人の発言や文章を自分自身の表現で言い換えながら紹介することです。その際、単語やフレーズをところどころ入れ替えても、文体そのものや個々の文の構成をそのまま拝借するのでは、パラフレーズとは言えません。パラフレーズの練習としてよく推奨されるのは、まず元の文章をよく読んだら、ページを閉じて、同じ内容を自分の言葉で書き直してみるというものです。やってみると分かりますが、この場合、話の順序や表現の仕方がオリジナルの文章とはだいぶ異なってきます。
　ここで、パラフレーズの良い例と悪い例を見比べてみましょう。以下

の文章は、神経学者アントニオ・ダマシオ (Antonio Damasio) の *The Feeling of What Happens: Body and Emotion in the Making of Consciousness* (1999) からの抜粋で、人間特有の感情について述べたものです。これを読み、それから下の「悪いパラフレーズの例」と「良いパラフレーズの例」とを読み比べてみてください。

原 文

Without exception, men and women of all ages, of all cultures, of all levels of education, and of all walks of economic life have emotions, are mindful of emotions of others, cultivate pastimes that manipulate their emotions, and govern their lives in no small part by the pursuit of one emotion, happiness, and the avoidance of unpleasant emotions. At first glance, there is nothing distinctively human about emotions since it is clear that so many nonhuman creatures have emotions in abundance; and yet there is something quite distinctive about the way in which emotions have become connected to the complex ideas, values, principles, and judgments that only humans can have, and in that connection lies our legitimate sense that human emotion is special. Human emotion is not just about sexual pleasures or fear of snakes. It is also about the horror of witnessing suffering and about the satisfaction of seeing justice served; about our delight at the sensuous smile of Jeanne Moreau or the thick beauty of words and ideas in Shakespeare's verse; about the world-weary voice of Dietrich Fischer-Dieskau singing Bach's *Ich habe genug* and the simultaneously earthly and otherworldly phrasings of Maria João Pires playing any Mozart, any Schubert; and about the harmony that Einstein sought in the structure of an equation. In fact, fine human emotion is even triggered by cheap music and cheap movies, the power of which should never be underestimated (35–36).

悪いパラフレーズの例

All men and women, regardless of their ages, cultures, levels of education, or economic situations, are emotional, are aware of emotions of others, are involved in pastimes which manipulate their emotions, and largely spend their lives pursuing one emotion, happiness, and avoiding unpleasant emotions. Initially, there may seem to be nothing exclusively human about emotions, as so many creatures other than humans clearly have abundant emotions. There is, however, something quite special about how emotions have become connected to the uniquely human ideas, values, principles, and judgments, and our legitimate sense that human emotion is special lies in this connection. Not only do people enjoy sex and fear snakes, but also they are horrified when they witness suffering and are satisfied to see justice served. They are delighted by the smile of a sensuous actress, or by the beauty of Shakespeare's words and ideas. They are also moved by a masterful singer singing Bach in his world-weary voice, and an enchanting pianist playing any piece by Mozart or Schubert. We find pleasure in the harmony in Einstein's equations. In truth, even cheap music and movies can trigger powerful emotion in us (Damasio 35–36).

　まず、このパラフレーズを間接引用と見なすことはできません。原典の著者の名前も、引用されたページ数も、段落の終わりまでまったく出てきません。本来ならば、冒頭にダマシオのものであることを明言し、またそれぞれの文の内容についても、ダマシオのものであると分かるような書き方をしなければなりません。しかし、これでは、どこまでがこの論文の書き手の言葉で、どこまでがダマシオの言葉なのかが分かりません。

　また、そもそもパラフレーズとして成立していません。最初の一文を原文と見比べると分かりますが、語順をほんの少し入れ替えたり、単語の品詞を変えたりしているだけで、基本的には元の文章の言葉づかいがそのまま残っています。単語も品詞も変えて「自分の表現」に直せていないと、たとえダマシオのものであると冒頭で明言していたとしても剽

窃と見なされることがありますので注意が必要です。

良いパラフレーズの例

In *The Feeling of What Happens: Body and Emotion in the Making of Consciousness* (1999), Antonio Damasio argues that being emotional is a universal human trait, and the lives and activities of people everywhere center around their emotions. According to Damasio, human emotions are different from those of animals, as they go beyond such primitive affects as the fear of snakes and sexual desire. There is certainly something uniquely human, says Damasio, about the connection between emotion and our ideas, principles and judgments, which causes us to abhor the sight of suffering and find satisfaction in the sense of justice (35). After listing specific and personal examples of the enjoyment he himself derives from the subtle beauties discovered in various forms of visual, literary and performance art, Damasio also adds that even cheaper forms of art can trigger powerful emotion in us (36).

こちらのパラフレーズでは、最初に引用する本とその著者の名前を紹介しており、その後も "According to Damasio" や "says Damasio" や "Damasio also adds" といった表現を用いて、これが書き手ではなくダマシオの見解であることを具体的なページ数とともに明示しています。また、内容の順序も自分なりの理解に沿って入れ換えたり、一部は要約してあるのが分かります。

6.4.2　サマリー

　サマリーとは、元の文章の内容を自分なりにまとめた要約のことで、必然的にパラフレーズよりも短くなります。紙幅を節約したぶん、自分の意見の展開に回せるという利点があるので、論文作成の技法の要でもあります。どのくらい内容を「凝縮」するかは、もちろん引用者次第です。

上記のダマシオの文章なら、たとえば以下のようにサマリーを作ることができます。

In *The Feeling of What Happens: Body and Emotion in the Making of Consciousness* (1999), Antonio Damasio suggests that, while some non-human animals have emotions, human emotions are unique in that they are often set off by triggers that are artistic or abstract (35–36).

6.5　文章中の引用文献の示し方

　論文のなかで他人の文章や発言を引用する場合、その出典についての情報を、センテンスの終わりにカッコに入れて示すことができます。この方法だと、脚注や文末注で引用文献を示す必要がありません。

　このカッコを使った出典の記載は、論文の最後に付ける引用文献リストに呼応する形になります。ただし、このカッコ内の情報内容と順序、表記については、何通りかのやり方があります。学術論文における引用の方法に関するルールは、研究分野によって少しずつ異なり、学会に提出される論文は、その学会が採用しているスタイル・マニュアル（書式についてのルールブック）に従って書くのが普通です。大学のレポートでは、特に先生からの指示がなければ、その分野の標準的な書式を用います。

　ここでは、文系の代表的なスタイル・マニュアルの一つである *MLA Handbook, Eighth Edition*（Modern Language Association 出版）の様式に従い、文章中での引用文献の示し方、および引用文献リストの作り方について、ごく基本的な用例のみを示します。

　ただし、細かい用例については、上記の MLA 出版の *MLA Handbook* を参照してください。またこの他にも、シカゴ大学（Chicago）方式、American Psychological Association（APA）方式などがあり、それぞれに分厚いルールブックが出ています。

これらのルールブックについての情報は、この本の巻末の参考文献リストに記載しています。また、APA方式、シカゴ方式による引用文献等の基本的な示し方は、Appendix 2 に挙げてありますので、参考にしてください。

印刷された出版物（書籍、論文、新聞や雑誌の記事など）からの引用
- 文献の大ざっぱな概要を述べる場合は、ページ数を記す必要はありません。

    In *Freedom Evolves* (2003), the philosopher Daniel Dennett tackles the long-debated issue of free will from an evolutionary perspective.

- 文の中に著者名を出して直接引用する場合は、カッコの中にページ数のみを入れます。

    "When I look back on my childhood I wonder how I survived at all," writes Frank McCourt in his autobiographical novel, *Angela's Ashes*, published in 1996 (11).

- 文の中で著者や著書の名前に言及せずに直接引用する場合は、カッコの中に著者の姓と引用元のページ数を入れます（直接引用の場合、カッコは引用符とピリオドの間に入れます）。

    Our belief that we have free will has been "a life-shaping and even life-enchanting ideology," which we can "learn to live without" (Dennett 11).

- 同じ著者の著作を論文中で二つ以上引用する場合、どの著作からの引用なのかが分かるように引用します。

    次の場合は、文中で著作名が出ているので、カッコ内はページ数のみになっています。

    "Computer simulations of evolution abound," explains Dennett in *Freedom Evolves* (2003), "and show us the power of natural selection to create strikingly effective novelties in one virtual world or another" (49).

一方、次の場合では、文中に著作名が出ていないので、カッコ内に著作のタイトル（長い場合には一部省略します）とページ数を入れます。

　Perhaps we should go back to the question posed by Daniel Dennett: "What are the 'raw materials' of our inner lives and what do we do with them?"（*Consciousness Explained* 55）.

●会社その他の団体などが著者となる場合は、著者名のところにその団体の名称を入れます。

　An official report was made that there is "a possibility that the warming trend is associated with global warming due to the buildup of anthropogenic greenhouse gases"（Japan Meteorological Agency 1）.

インターネット上の文献からの引用

　インターネット上の文献を引用する際も、特に書籍や論文、新聞・雑誌記事のオンライン版などに関しては、基本的なルールは印刷された文献と同じです。ただし、ページ数の記載がないことが多いので、参考文献リストで引用ページの URL を挙げておくとよいでしょう。

●インターネットのサイトからの引用で、著者名が特に分からない場合は、サイトを運営する団体の名前をカッコに入れます。ページ数は、分からなければ書く必要はありません。

　The truth, however, is that "farmers and workers at the beginning of the chain don't always get a fair share of the benefits of trade"（Fairtrade Labelling Organizations International）.

6.6　引用文献 (Works Cited) リストの作り方

　基本的には、著者の姓をアルファベット順に並べてリストを作ります。同じ著者の著作が二つ以上ある場合は、タイトルをアルファベット順に並べ、各文献の 2 行目以降は 0.5 インチ（1.3 cm 程度）字下げします。

以下、異なる種類の文献の示し方の例を挙げます。ピリオド、コンマ等の使い方も、以下の例に従うように気をつけて下さい。

インターネット上の文献からの引用

新聞（ウェブ版）

［著者の姓］,［名］.［記事のタイトル］.［新聞の名称（イタリック）］,［日付］,［URL］.

Fackler, Martin. "Japan to Propose Closer Military Ties with South Korea." *New York Times*, 4 Jan. 2011, http://www.nytimes.com/2011/01/05/world/asia/05japan.html?ref=world.

雑　誌（ウェブ版）

［著者の姓］,［名］.［記事のタイトル］.［雑誌の名称（イタリック）］,［日付］,［URL］.

Saporito, Bill. "Toyota's Flawed Focus on Quantity over Quality." *Time*, 4 Feb. 2010, http://www.time.com/time/business/article/0,8599,1958991,00.html.

学術雑誌に掲載された論文（ウェブ版）

［著者の姓］,［名］.［論文のタイトル］.［雑誌の名称（イタリック）］,［号,巻］,［出版年］,［ページ範囲］.［ウェブサイト名（イタリック）］,［URL］.

Holland, David. "Bias and Concealment in the IPCC Process: The 'Hockey-Stick' Affair and Its Implications." *Energy and Environment*, vol. 18, no. 7–8, 2007, pp. 951–983. *Multi Science Publishing*, http://multi-science.metapress.com/content/ b277x817wj021671/.

団体や個人のホームページなど
［サイトの名称 (イタリック)］. ［サイトの運営者名］, ［URL］.

Fairtrade Labelling Organizations International. Fairtrade Labelling Organizations International, http://www.fairtrade.net/what_is_fairtrade.html.

印刷された文献からの引用
単数の著者による著作
［著者の姓］, ［名］. ［本のタイトル (イタリック)］. ［出版社名］, ［出版年］.

Montford, A. W. *The Hockey Stick Illusion: Climategate and the Corruption of Science.* Stacey International, 2010.

複数の著者による著作
［著者1の姓］, ［名］, ［著者2の名］［姓］, and ［著者3の名］［姓］. ［本のタイトル (イタリック)］. ［出版社名］, ［出版年］. (著者名の順序については、本の表紙の記載を参考にして下さい。)

Kotler, Philip, Hermawan Kartajaya, and Iwan Setiawan. *Marketing 3.0: From Products to Customers to the Human Spirit.* Wiley, 2010.

同じ著者による著作を二つ以上並べる場合
二項目目以降では、著者名をハイフン三つに置き換えます。

Spencer, Roy W. *Climate Confusion: How Global Warming Hysteria Leads to Bad Science, Pandering Politicians and Misguided Policies That Hurt the Poor.* Encounter Books, 2010.

---. *The Great Global Warming Blunder: How Mother Nature Fooled the World's Top Climate Scientists.* Encounter Books, 2010.

再　版

初版の年をタイトルの後に、再版の年を最後に入れます。

Lipson, Charles. *Doing Honest Work in College*. 2004. U of Chicago P, 2008.

（※ U of Chicago P は University of Chicago Press の略）

日本語の著作

まずローマ字でタイトルを示し、その英訳を [　] 内に入れます。

Akasofu, Shunichi. *Tadashiku Shiru Chikyu Ondanka* [The Truth about Global Warming]. Seibundo Shinkosha, 2008.

Appendix 1　サンプル論文 (一部) ＆参考文献リスト

論文サンプル

Sakura Kunitachi
Professor Smith
English III
July 15, 2015

The Inconvenient Truth of the Hockey Stick:
How the Global Warming Myth Was Formed
by the IPCC

　　In 2010, Japan experienced the hottest summer that it had seen in a hundred years. As the excruciating heat caused a number of deaths across the country, one question must have been lurking in the people's mind: is this our own fault? That is to say, are we humans really to blame for global warming? In fact, a report issued last September by the Japan Meteorological Agency regarding the extraordinary heat states that "there is a possibility that the warming trend is associated with global warming due to the buildup of anthropogenic greenhouse gases." Despite the rather ambiguous language, this last statement seems to voice the general public sentiment about our recent climatic situation: yes, this is most probably our fault. Indeed, the idea that this "abnormal" phenomenon

> ここは「つかみ」にあたります。時事的な話題から入るなど、読者の注意を惹く工夫をしてもよいでしょう。ただし、本論に直接関係ない話は避け、また本論と関係があったとしても、原則的には、自分の個人的な体験などへの言及は避けましょう。

of global warming is human-caused, and that serious and concerted efforts to put a stop to it are necessary, has been spreading with increasing urgency in the past two decades.

In reality, however, many experts believe that global warming is a natural part of the cycle of the earth's climate change, and not a direct result of the industrial activities of humans. Unfortunately, their voices hardly reach the public, whose fear is fueled daily by the sensational media stories on the earth's rising temperature. In fact, such stories are mostly traced back to the reports by the Intergovernmental Panel on Climate Change (IPCC), an organization often regarded as the ultimate authority on the subject. Ironically, the IPCC is responsible for many of the misunderstandings we have about earth's current climate. This paper aims to demonstrate that, although the global warming theory has been turned into a world-scale environmental scare, many of the arguments by the IPCC and other advocates of the theory are based on dubious scientific data.

— これが主題文にあたります。

First, the arguments by experts in various fields of science that global warming is a natural and non-anthropogenic phenomenon will be introduced. Second, we will investigate how the data and facts presented by the advocates of the global warming theory have been scientifically challenged and often disproved. Finally, the IPCC's presentation of the so-called "hockey stick graph" in their

— ここで、本論の論点を大まかに述べておきます。

2001 report will be examined. . . . | ここまでが序論です。(なお、最後の省略"..."は原文にある省略ではなく、サンプルとして収録した際の省略です。以下も同じです。)

First of all, many researchers believe that the observed rise in the earth's temperature is part of the long-term natural cycle of climate change which our planet regularly undergoes. | このトピック・センテンスは、一つめの大きな論点を示し、この後に来るいくつかの段落の主旨となります。

These scientists have often been severely attacked as "heretics" and "naysayers" by the believers in human-made global warming. For example, in a *New York Times* article on September 23, 2010, John Collins Rudolf calls the researchers opposing the hockey stick theory "climate skeptics" and "contrarians." In criticism of such an attitude, Roy Spencer, a research scientist at the University of Alabama in Huntsville, writes in *Climate Confusion* (2010) that the global warming theory represents "a leap of faith from what science tells us is theoretically possible, to a belief in worst-case scenarios in which Mother Earth punishes us for our sins against her" (xiii). Spencer points out that there is simply not enough evidence to confidently attribute the current weather to human-made carbon emissions. . . . | この段落のトピック・センテンスです。

Shunichi Akasofu, the former director of the International Arctic Research Center of the University of Alaska Fairbanks, voices an opinion very similar to Spencer's. According to Akasofu, there is no denying that global warming is happening – except it has been happening for the last thousand years, and no human efforts are going to stop it. . . . | この段落のトピック・センテンスです。

Professor Philip Stott, who teaches biogeography at the University of London, also dismissed the global warming theory as "hypochondria . . . over the future of the Earth" in an interview with BBC News over a decade ago. "We must grasp the fact that curbing human-induced greenhouse gases will not halt climate change," said Stott, calling it the "biggest myth of all." . . .

Secondly, let us take a look at some of the data and facts presented by the advocates of the global warming theory, which have been challenged or refuted by experts. In Al Gore's award-winning film, *An Inconvenient Truth*, there is an impressive clip of the West Antarctic ice sheet sliding into the ocean with a huge splash: supposedly an ominous sign. However, a press release issued on October 6, 2009 from the US National Snow and Ice Data Center reports that "the average ice extent over the month of September . . . was 1.06 million square kilometers (409,000 square miles) greater than the record low for the month in 2007, and 690,000 square kilometers (266,000 square miles) greater than the second-lowest extent in 2008." Responding to this in a *Washington Times* article on January 10, 2010, James S. Robbins states that "the Arctic summer sea ice has increased by 409,000 square miles, or 26 percent, since 2007," and then asks sarcastically: "But didn't we hear from the same Center that the North Pole was set to disappear by now?" . . .

The IPCC, which has often been represented

> これが二つ目の大きな論点を示すトピック・センテンスです。

by media and government reports around the world as the ultimate authority on the global warming issue, has also produced many dubious reports. On January 10, 2010, the IPCC published a statement in which it admitted the errors in its 2007 report concerning the disappearance of Himalayan glaciers. . . .

Finally, let us look into the notorious "hockey stick controversy," originating in a report which was published by the IPCC in 2001 and, interestingly, later withdrawn. It is necessary at this point to explain what the hockey stick theory is. According to *The Hockey Stick Illusion* by A. W. Montford, it was first presented in a scientific paper published in *Nature* in April 1998, written by a then obscure young scientist named Michael E. Mann and his team. Montford describes the significance of the paper as follows:

最後の大きな論点を示すトピック・センテンスです。

> The key graphic in the paper was a chart of the reconstruction of Northern Hemisphere temperatures for the full length of the record from 1400 right through to 1980. The picture presented was crystal clear. From the very beginning of the series the temperature line meandered gently, first, a little warmer, then a little cooler, never varying more than half a degree or so from peak to trough. This was the 500-year long handle of the Hockey Stick, a sort of steady state that had apparently

75

reigned, unchanging, throughout most of recorded history. Then, suddenly, the blade of the stick appeared at the start of the twentieth century, shooting upwards in an almost straight line. It was a startling change and it was this that made the Hockey Stick such an effective promotional tool. . . .

Undoubtedly, there was much shock value in the argument that this "blade" of the stick—the abnormally sharp rise in the Earth's temperature—was caused by the industrial activities of humans. However, Montford points out that there are many holes in this theory. . . .

Richard Muller, a physicist who works for the University of California, Berkeley and Lawrence Berkeley National Laboratory, also claims that he found major mathematical errors in the calculations on which the hockey stick curve is based. . . .

In conclusion, as we have seen above, the IPCC and its followers have contributed largely to the hype of global warming, even though so many researchers from various fields of science believe that the phenomenon is nothing more than part of the natural climate change of our planet. It is true, of course, that the pollution of the air, the soil and the ocean damages not only humans but other living things with which we share this planet. Industrialization has severely damaged our natural environment in various ways, and there certainly

結論部では、イントロダクションの主題文を(表現は多少変えつつ)繰り返します。

are efforts we should make to remedy this situation. However, it is simply wrong to say that global warming is entirely or even mostly our fault. The repercussions of such a false representation extend to the fields of politics and economy, misguiding government decisions around the world and thus causing a tremendous waste of time and money which could be more productively spent on other, truly urgent problems. Although these overall negative effects of the global warming myth are outside the scope of this paper, it will be valuable to conduct a further investigation into them.

想定される反論を挙げてから、これを批判します。

このように、将来のリサーチの可能性を示唆して終わることもできます。

参考文献リスト（MLA方式）　サンプル

Works Cited

Akasofu, Shunichi. *Tadashiku Shiru Chikyu Ondanka* [The Truth about Global Warming]. Seibundo Shinkosha, 2008.

"Arctic Sea Ice Extent Remains Low; 2009 Sees Third-Lowest Mark." *National Snow and Ice Data Center*, 6 Oct. 2010, http://nsidc.org/news/press/20091005_minimumpr.html.

Broder, John M. "Climate Talks End with Modest Deal on Emissions." *New York Times*, 10 Dec. 2010, http://www.nytimes.com/2010/12/12/science/earth/12climate.html?_r=1&ref=globalwarming.

Cohen, Judah. "Bundle Up, It's Global Warming." *New York Times*, 25 Dec. 2010, http://www.nytimes.com/2010/12/26/opinion/26cohen.html.

Holland, David. "Bias and Concealment in the IPCC Process: The 'Hockey-Stick' Affair and Its Implications." *Energy and Environment*, vol. 18, no. 7–8, 2007, pp. 951–983. Multi Science Publishing, http://multi-science.metapress.com/content/b277x817wj021671/.

An Inconvenient Truth. Directed by David Guggenheim, performance by Al Gore, Billy West, George Bush, and George W. Bush, Paramount, 2006.

"IPCC Statement on the Melting of Himalayan Glaciers." *Intergovernmental Panel on Climate Change*, 20 Jan. 2010, http://www.ipcc.ch/pdf/presentations/himalaya-statement-20january2010.pdf.

Montford, A. W. *The Hockey Stick Illusion: Climategate and the Corruption of Science*. Stacey International, 2010.

Muller, Richard. "The Global Warming Bombshell." *Technology Review*, 15 Oct. 2004, http://www.technologyreview.com/Energy/13830/.

"Primary Factors of Extremely Hot Summer 2010 in Japan: Analyzed by Advisory Panel on Extreme Climate Events." *Japan Meteorological Agency*,

16 Sept. 2010, http://ds.data.jma.go.jp/tcc/tcc/news/press_20100916.pdf.

Robbins, James S. "An Inconvenient Truth: The Ice Cap is Growing." *Washington Times*, 10 Jan. 2010, http://www.washingtontimes.com/weblogs/watercooler/2010/jan/10/inconvenient-truth-ice-cap-growing/.

Rudolf, John Collins. "The 'Hockey Stick' Lives." *New York Times*, 23 Sept. 2010, http://green.blogs.nytimes.com/2010/09/23/the-hockey-stick-lives/.

Spencer, Roy W. *Climate Confusion: How Global Warming Hysteria Leads to Bad Science, Pandering Politicians and Misguided Policies That Hurt the Poor.* Encounter Books, 2010.

---. *The Great Global Warming Blunder: How Mother Nature Fooled the World's Top Climate Scientists.* Encounter Books, 2010.

Stott, Philip. "Ignore Global Warming Hype, Says Scientist." *BBC News*, 25 Oct. 1999, http://news.bbc.co.uk/2/hi/science/nature/484868.stm.

Appendix 2　APA 方式・シカゴ方式による引用文献の示し方の例

APA 方式

文中の引用文献の示し方

- 文中で文献を引用するときは、著者は基本的に姓のみを示し、その直後に当該著作の出版年をカッコに入れて示します。

    Dennett（2000）tackles the long-debated issue of free will from an evolutionary perspective.

- あるいは、文中で著者名を出さない場合は、以下のようにカッコの中に示します。

    The issue of free will has also been tackled from an evolutionary perspective（Dennett, 2000）.

- 引用元のページ数を記すときは、以下のように示します。

    Dennett calls our belief in free will "a life-shaping and even life-enchanting ideology"（Dennett, 2000, p. 11）.

- 著者の異なる複数の著作に同時に言及する場合は、以下のようにセミコロンを使ってカッコ内に併記します。著者は姓のアルファベット順に並べます。

    Many studies（Akasofu, 2008; Holland, 2011; Montford 2010）have expressed doubt against the calculations on which the hockey stick graph is based.

- 文献の著者が団体である場合は、以下のようにします。

    An official report was made that there is "a possibility that the warming trend is associated with global warming due to the buildup of anthropogenic greenhouse gases"（Japan Meteorological Agency, 2010, p. 1）.

引用文献リストの作り方（※タイトルの初めのみ大文字にする）

図書（印刷）

Montford, A. W. (2010). *The hockey stick illusion: Climategate and the corruption of science*. London: Stacey International.

新聞記事（オンライン）

Robbins, J. S. (2010, January 10). "An inconvenient truth: The ice cap is growing." *The Washington Times*. Retrieved from http://www.washingtontimes.com

学術雑誌に掲載された論文（オンライン）

Holland, D. (2007). "Bias and concealment in the IPCC process: The 'Hockey-Stick' affair and its implications." *Energy and Environment*, 18.7–8, 951–983. doi:10.1260/095830507782616788

※この最後の長い番号は DOI（Digital Object Identifier デジタルオブジェクト識別子）といって、インターネット上の著作物の場所を示すものです。DOI のついた著作をネットで検索したいときは、http://dx.doi.org/ という URL のあとに DOI を足します。（たとえば上の例であれば、http://dx.doi.org/10.1260/095830507782616788 と入力します。）

日本語の文献（印刷）

Akasofu, S. (2008). *Tadashiku shiru chikyu ondanka* [The truth about global warming]. Tokyo: Seibundo Shinkosha.

団体等による報告など（オンライン）

Intergovernmental Panel on Climate Change (2010, January). *IPCC statement on the melting of Himalayan glaciers*. Retrieved from http://www.ipcc.ch/pdf/ presentations/himalaya-statement-20january2010.pdf

シカゴ方式

シカゴ・マニュアルには二通りが掲載されています。
1） APA 同様、引用文献の情報を文中にカッコで示した上で、論文の終わりに bibliography（参考文献一覧）を添付する方式。
2） 引用文献についての情報は脚注あるいは文末注で示し、文献リストは添付しない方式。

ここでは、よく使われる 2) の方式の例のみを載せます。なお、紙幅の都合から、以下の例文では行間を 1.2 に設定していますが、正式なシカゴ方式では、行間は 2.0 です。

図書の例（印刷）

本　文

In the hockey stick graph, "the blade of the stick appeared at the start of the twentieth century, shooting upwards in an almost straight line. It was a startling change and it was this that made the Hockey Stick such an effective promotional tool."[12]

注意点 文末の上付き番号は、これが本文中で 12 番目の注釈であることを示します。

注

〈初出の場合〉

12. Montford, A. W., *The Hockey Stick Illusion: Climategate and the Corruption of Science*（London: Stacey International, 2010: 33）

〈既出の場合〉

12. Montford, *The Hockey Stick Illusion*.

注意点 既出のタイトルは一部省略し、できれば 4 語以内の長さに抑えること。

新聞の例（オンライン）
本　文
One scientist described the public's reaction towards global warming as "hypochondria . . . over the future of the Earth."[8]

注
〈初出の場合〉
8. Stott, Philip, "Ignore Global Warming Hype, Says Scientist," *BBC News*, October 25, 1999. http://news.bbc.co.uk/2/hi/science/nature/484868.stm（accessed January 2, 2001）.

〈既出の場合〉
8. Stott, "Ignore Global Warming Hype."

学術雑誌に掲載された論文の例（オンライン）
本　文
David Holland also criticizes the IPCC for having "no obvious procedures to guard against bias, undergoes no 'due diligence' checks on the validity of the science it summarizes and makes no checks to ensure that data and methodology of the science that it cites are available to critics."[24]

注
〈初出の場合〉
24. Holland, David, "Bias and Concealment in the IPCC Process: the 'Hockey-Stick' Affair and Its Implications," *Energy and Environment* 18, no. 7–8（Dec. 2007）: 951–983. doi:10.1260/095830507782616788, retrieved from Multi Science Publishing, 954.

〈既出の場合〉
24. Holland, "Bias and Concealment in the IPCC Process," 954.

参考文献

上村妙子・大井恭子著『英語論文・レポートの書き方』研究社、2004 年。
津田塾大学英文学科編『パラグラフから始める英文ライティング入門』研究社、2001 年。
ポール・ロシター＋東京大学教養学部英語部会著 *First Moves: An Introduction to Academic Writing in English*. 東京大学出版会、2004 年。
吉田友子著『アカデミックライティング入門　英語論文作成法』慶應義塾大学出版会、1998 年。
The Chicago Manual of Style. 16th ed., U of Chicago P, 2010.
"Citing Sources." Duke University Libraries, http://library.duke.edu/research/citing/.
Ellison, Carol. *McGraw-Hill's Concise Guide to Writing Research Papers*. McGraw Hill, 2010.
MLA Handbook. 8th ed., Modern Language Association of America, 2016.
Publication Manual of the American Psychological Association. 6th ed., American Psychological Association, 2009.
Purdue Online Writing Lab. The Writing Lab and OWL at Purdue University, http://owl.english.purdue.edu/owl/.

英語アカデミック・ライティングの基礎

2015 年 3 月 1 日　初版発行
2019 年 3 月 15 日　4 刷発行

編著者
一橋大学英語科

KENKYUSHA
〈検印省略〉

発行者
吉田尚志

発行所
株式会社　研究社
〒 102-8152　東京都千代田区富士見 2-11-3
電話　営業 (03) 3288-7777 ㈹　編集 (03) 3288-7711 ㈹
振替　00150-9-26710
http://www.kenkyusha.co.jp/

印刷所
研究社印刷株式会社

装幀デザイン
清水良洋 (Malpu Design)

本文デザイン
佐野佳子 (Malpu Design)

イラスト
河合美穂

ISBN 978-4-327-42194-6　C1082　Printed in Japan